何艳玲　汪广龙　张简◎主编

夏书章口述史
为时代立书

Oral History of Xia Shuzhang

中山大学出版社
·广州·

版权所有　翻印必究

图书在版编目（CIP）数据

夏书章口述史：为时代立书/何艳玲，汪广龙，张简主编．—广州：中山大学出版社，2018.10

ISBN 978-7-306-06459-2

Ⅰ．①夏…　Ⅱ．①何…②汪…③张…　Ⅲ．①夏书章—生平事迹②行政学—学科建设—研究—中国　Ⅳ．①K825.46②D035-4

中国版本图书馆 CIP 数据核字（2018）第 228977 号

XIA SHUZHANG KOUSHUSHI

出 版 人：王天琪
策划编辑：嵇春霞
责任编辑：周　玢
封面设计：林绵华
责任校对：王　璞
责任技编：何雅涛
出版发行：中山大学出版社
电　　话：编辑部 020-84110283，84111996，84111997，84113349
发行部 020-84111998，84111981，84111160
地　　址：广州市新港西路 135 号
邮　　编：510275　　传真：020-84036565
网　　址：http://www.zsup.com.cn　E-mail: zdcbs@mail.sysu.edu.cn
印　刷　者：佛山市浩文彩色印刷有限公司
规　　格：787mm×1092mm　1/16　7.75 印张　131 千字
版次印次：2018 年 10 月第 1 版　2018 年 10 月第 1 次印刷
定　　价：62.00 元

如发现本书因印装质量影响阅读，请与出版社发行部联系调换。

夏书章题词一

不忘初心

老当益创

夏书章 2015年3月22日

夏书章题词二

序: 为时代立书, 为当下谱章

夏书章先生，大家都尊称为夏老，是中国当代行政学的主要奠基人，"中国MPA之父"。对以政治学和公共管理学为志业的人来说，夏老是学科气质的塑造者，是我们继续前行的引路人。以"口述史"形式展示和呈现夏老求学、治学、育人以及推动学科发展的漫长历程，是最贴切的方式，也是我们一直想推动实现的愿望。

2015—2017年，我们陆续为夏老做了10余次访谈，每次约2小时。在通过访谈串联骨架线索的基础上，我们按照夏老的意见，参考了夏老著作、文章和各类谈话记录，包括发表在《中国行政管理》期刊上的系列"夏老漫谈"，同时参考了众多此前为夏老所做的访谈和采访，在此基础上整理成文。全书整体上力求以夏老口述原话为根本，使读者如临其境、见字如面，但为了方便读者阅读，我们对故事线索进行了重新组合，并在每个部分突出了主题，使之变得更加完整、有逻辑和具有层次感。

在两年的整理和写作过程中，我们一方面为夏老仍然保有的年轻人般的激情所叹服；另一方面，当夏老讲到步步艰难、九死一生的求学历程，在花甲之年奋起推动中国行政学科的建立，以及语重心长地提及当代公共管理、政治学科的历史使命的时候，我们更是震撼不已！

做研究，是孤独的职业。孤独的消融，或者说我们内在的精神力量，往往来自于同行的共鸣。而夏老的精神力量，还源自于与时代紧密契合的共鸣。谋时而动，顺势而为，这不仅是一种智慧，更是恰逢其时的使命感。当夏老真挚深情地讲述他为何选择政治学专业，为何历尽艰辛出国留学，为何选择市政学研究领域，为何在20世纪80年代振臂高呼"把行政学的研究提上日程是时候了"，又为何在今天还不断劝勉我们必须研究中国治国理政的大问题，我们无时无刻不被夏老饱满的精神力量所感染。

而更多的时候，"物微意不浅，感动一沉吟"。与阅读夏老著作不同的是，我们总是从夏老讲述的一个个细节，一字一句、一嗟一叹之中，更深刻地理解到国家命运、个人命运与学科命运的相互关照、息息相通，也更细微地捕捉到夏老对家庭、学科和国家的感情,细腻而深厚!

书章书章,即谓"为当下立书,为时代谱章"。多么人如其名,又多么让人无限崇敬!学问,是活的有机体,而价值观和基本道义,则是这个有机体的灵魂。对一介书生而言,倘若在纷繁尘世甚或乱世中还能安心坚持志业,则最需要的应该是对知识本身如同信仰般的尊崇。个体总是渺小的,而浩瀚的时代,从来都会给在渺小中仍然坚持的人留下最好的礼物!

在本口述史的撰写过程中,中山大学公共管理团队也同时发起设立了"夏书章公共管理优秀博士论文奖"。此过程中,我们得到了夏老的支持和勉励,也得到了全国众多同行的大力支持。而我内心最真诚的盼望,是希望这个奖项可作为对夏老精神的致敬和传承!

在具体编录过程中,汪广龙博士和张简博士承担了初稿整理工作,袁洋、张舒波、杨学敏、刘晚亭、唐蒙、祖梓文、王卜卿等同学参与了部分档案收集整理、录音整理工作。孙全民老师全程进行了录音录像。夏纪慧、张晓穗女士为口述史的联络、组织做了大量工作,也为我们提供了珍贵档案。衷心感谢他们每个人的无条件付出!更要特别感谢来自中山大学政治与公共事务管理学院,尤其是公共管理团队所有成员的努力,还有广东省教育厅和中山大学"行政管理品牌专业建设"项目及中山大学出版社的支持。由此,本书才得以顺利完成。

由于编录水平所限,本书或仍有疏漏之处。我深感遗憾的是,我们的笔墨无论如何,都无法精确呈现夏老的"胸藏文墨怀若谷"。尤为让人感动的是,在本书第三校的时候,夏老仍然亲自逐页校对,修订了很多细微之处。看到先生的用心、细心,只有无限感动!

"人近百年犹赤子",我们几位编录者是何等有幸,能有此珍贵机会聆听夏老长时间的亲口教导!我希望和期待,我们尽最大努力编录的这本书,能让读者有收悉夏老来信之亲切感!

谨以此书祝福最亲爱的夏老:鹤算千年寿,松龄万古春!

何艳玲

2018 年 8 月于康乐园

夏书章近照

夏书章笔耕不止

目 录

引子　如果不是改革开放，我无所作为 …………………………… 1

第一部分　坎坷一生，缘定行政学

第一章　礼义传家远，诗书继世长 …………………………… 5
第一节　家庭环境与成长见闻 ………………………………… 5
第二节　家道中落与思想启蒙 ………………………………… 6

第二章　坎坷辗转，万里求学 ………………………………… 8
第一节　战火纷飞，边上学边当"小老师" …………………… 8
第二节　机缘巧合续学业，大学志愿出人意料 ……………… 10
第三节　我的终生情缘与志同道合的夫人 …………………… 14
第四节　哈佛求学：从专业见闻到"不如归去" ……………… 17

第三章　中大浮沉，六十奋起 ………………………………… 25
第一节　南下广州，结缘中山大学 …………………………… 25
第二节　"国立中山大学教授活命大拍卖" …………………… 27
第三节　参与改造，百味生活 ………………………………… 29
第四节　繁忙的政治运动，频繁的岗位调整 ………………… 31
第五节　十年浩劫，采茶、养猪、种菜、牧羊 ……………… 34
第六节　我还愿做一个摇旗呐喊的"老兵" …………………… 39

第二部分　经世救国，实干兴邦

第四章　经世致用，上医医国 ·············· 45
第一节　我是怎么走上行政学研究道路的 ·············· 45
第二节　课堂上讲讲，文章上写写，不能联系实际，等于闭门造车
·············· 47

第五章　学科调整，纳闷三十年 ·············· 51
第一节　做一行精一行，探索与中国国情融合 ·············· 51
第二节　"我们社会主义不搞行政管理吗" ·············· 53

第六章　把行政学的研究提上日程是时候了 ·············· 55
第一节　学科都要补课 ·············· 55
第二节　把行政管理学的研究引向深入是时候了 ·············· 59

第七章　我从来都讲"学以致用" ·············· 60
第一节　引进学科特别是应用学科，一定不要忘记国情 ·············· 60
第二节　我们搞这个专业，真的是眼观六路、耳听八方 ·············· 66
第三节　我做了一些工作，让我们自己的理论能够比较集中
·············· 71
第四节　育人的根本，就在于实现"真正实在" ·············· 74

第三部分　中国的行政学就是研究中国的治国理政

第八章　我最忙的时候是改革开放以后 ·············· 79
第一节　政治行政关大计，重视补课见奇功 ·············· 79
第二节　创建出适合中国国情的学科 ·············· 85

第九章　政府工作人员的脑子里要有知识 ·············· 88
第一节　此刻引进 MPA、加强行政管理能力建设正是时候 ·············· 88

第二节　教师队伍的素质是保证 MPA 教育成功的关键……… 90

第十章　我是中国特色社会主义派…………………… 95
　　第一节　对自己的东西不当回事，水平是上不去的 ……… 95
　　第二节　行政成本是现在的一个大问题 ……………… 98
　　第三节　新时代的学科要有新气象……………………… 103

结语　党的政策让我做了想做的、必须做的、应该做的事情
………………………………………………………………… 108

引子　如果不是改革开放，我无所作为

我是五四运动那年出生的。小时候我读过一些古书，欣赏"上医医国，其次疾人"的观点。当时想的不是什么前途、工资、将来担任什么职务，想的是国家和社会怎么样变革、提升。当时就觉得国家"患了病"，需要医治，最好的医生是要把国家"医治"好。民族要复兴，国家要兴旺，就需要医治国家的医生。经济不解决问题，要通过政治来救国，当时就是这种"天真"的心态。然后也深信，只要建立健全文官制度，便可以解决吏治腐败问题，所以就选择了行政学。

1952年全国高校进行院系调整，我开始教马克思列宁主义基础，再后来又去了哲学系。我认为做一行要精一行，这个工作也要做好。而且，这对我来说其实也是一个学习的好机会，所以一边教一边学，学习基础理论、世界观。正是通过这一段时间对马克思主义的学习研究，自己才深刻认识到推动行政学中国化的巨大意义和途径，也加强了观察、思考、分析问题的能力，因此这段时间没有白费。

但另外一方面，我心里有点纳闷，念念不忘——为什么行政学这些学科没有了？资本主义有行政学，我们不应该有社会主义行政学么？这一纳闷，就纳闷了30年。所以邓小平最了不起，他1979年就讲了"政治学、社会学、法学、国际政治学科都要补课"。这个消息发表以后，我们十分高兴，这是等待了30年的春风啊！得益于这样的历史机遇，我最忙的时候其实是改革开放以后，我的相关研究也是60岁之后才开始的。

现在中国行政学已经走过了30多年，新的30年又开始了，我们仍在继续前进。30多年前中国的情况和现在不同，现在要面对的问题更多、场面更大，因此也需要更多的优秀人才。我年纪大了、经历的时间久了，

希望大家注意，行政学就是现在的治国理政，这是一件很大的事情，而不是一个简单的小问题。一个国家的发展，它的盛衰，跟它的治理水平有关系，也就是治国理政的问题。我们这个学科，讲的就是治国理政。

这个学科是引进的，基本理论是从国外来的。其实国外那套也离不开他们的国情，英国有英国的国情，法国有法国的国情，它不是为中国编的，那么我们就应该懂得这边的情况。政治，要讲"治"，"政"如果不能带来"治"的话，这个"政"就是空的；"治"如果没有一定的"政"来指导，原则没有办法表现的。"行政是行的什么政"，这一点在普通学科里不怎么讲，我们这里却是非讲不可。关于这方面的回答很简单、很具体：行的是建设中国特色社会主义之政，专的是为人民服务当社会公仆之业。

要坚持建设和发展中国特色社会主义行政学。我们不是凭空地、抽象地研究这门应用学科，而是要理论密切结合实际，切实做到学以致用，根据国情，为社会主义现代化服务。不论你是不是共产党员，你在中国，作为中国的学者，不了解中国、不了解中国历史，不知道中国共产党的历史、长征的历史，那是不行的。中国是一个大国，取得这么大的进展，而且现在在国际上的地位在增强，总得说出个道理来，不然以后谈起来，还是美国那一套，或者英国那一套，别人就会觉得很奇怪了。所以我们为什么要坚持这个道路自信呢，因为实在太不容易了，中国能有今天，而我也快100岁了，想到中国的过去，心里确实感慨万分：如果不是改革开放，我无所作为。

创立有中国特色的学科，关起门来研究是不行的。但无论是实行"洋为中用"，还是实行"古为今用"，都应当要求用于和有助于加快中国特色社会主义的建设，应当要求用于和有助于更好地为人民服务、当好人民公仆，否则，将尽失理论指导实践的现实意义。

作为一个出生在五四运动前夕的老人，我现在越来越有"生不逢时老逢时，耄耋欣幸历盛世"之感。为什么旧社会"江湖愈老愈寒心"？中华人民共和国成立前，我参加了"国立中山大学教授活命大拍卖"，整个国家的人心向背那时已经很清楚。而如今日新月异、渐入佳境，我是越老越开心，越老越有信心。正所谓"一百不稀奇，九十有的是，八十满街跑，七十小弟弟，六十五十摇篮里，四十三十不用提"！

第一部分

坎坷一生，缘定行政学

第一章 礼义传家远，诗书继世长

第一节 家庭环境与成长见闻

我1919年1月20日出生于江苏省高邮县送驾桥（今称"送桥"）镇。我的父亲叫夏诗杰，字汉三。母亲陈氏，名诚。我们当时是兄弟四个人，同为"书"字辈，名字分别为文、章、华、国。这个"书"字辈是根据"礼义传家远，诗书继世长"排列的，小时候大门上的对联就是："文章华国，诗礼传家。"按那时候的老规矩，名外还有字，我的字取过两个，一个是"宪斌"，一个是"焕民"，但是后来均未正式用过。我在家中排行第三，从小被他们唤作"三儿"，因为二哥夭折，成为次子。后来又因为大哥被过继到老长房，所以成了事实上的长子。

我的父亲是地方上的小绅士，文化水平也不是很高，但他学了旧学，字写得很好；母亲则基本上是半文盲。我父亲三十几岁就去世了，所以，家庭教育对我的影响不大。后来我之所以能走上学术研究之路，主要是我这个大家庭中的长辈十分重视对我的教育培养，能在当时并不宽裕的条件下一直支持我外出求学。但是，家庭有些决定对我的影响很大。比如我的母亲，若不是她当时决定让我去读小学，我便只能在乡下了。我们当地只有四年制的初级小学。后来她送我到县城进高小，那是一个很好的小学，有五年级六年级。在那里，我开阔了眼界。如果她不送我去，我留在乡下就开不了眼界，这是正面的影响，让我至少知道外界的事。还有一个原因就是后来我家道中落，家庭经济水平下降了，我念不起书了。这一点也对我影响很大，使得我必须想方设法自己来找出路，自己来摆脱困境。这个也可以说是环境造成的。如果我一路很顺利，那就会是另外一种情况了，可能就会像有些富家子弟那样不求上进了。

我对小时候的成长环境至今记忆深刻，特别是当时以进步革命与混乱割据为特征的社会背景和政治环境。我出生那一年便是五四运动发生那一年，小时候两三岁时自然什么都不懂，可是到了七八岁的时候慢慢懂事了，当时的大事件就是国民党的北伐军队打到了我们家乡。在他们来之前，家乡是军阀孙传芳的势力范围。我记得，他们军队有几千人，而且武器装备都很好，机关枪、迫击炮都有。这几千人败退到我们镇上，由于旧军阀的秩序很糟糕，对什么东西都是又抢又拿的。当时我七八岁，已经念小学了，以一个小孩子的印象来看，就觉得，怎么回事？这些军队的行为怎么乱七八糟的？过了一个礼拜，北伐军来了，才一百多人，都是很年轻的小伙子，但没有炮、没有机关枪，净是步枪，就追上来了。旧军阀兵败如山倒，望风而逃。北伐军到了，对老百姓很好，深受老百姓的欢迎。这里我就有个比较了，但不知为什么两支军队会有这样的区别。长大了以后才知道，这个北伐军队，就是孙中山办的黄埔军校的部队，当时周恩来、叶剑英都是黄埔军校的领导。孙中山主张联俄联共扶助农工，辛亥革命以后，中华民国徒有其名，还是军阀统治，皇帝是没有了，可是"土皇帝"还存在，一直到袁世凯还想当皇帝。老百姓当然不答应，他也就没当成，结果当了80天的皇帝就死了。另外，在国际方面，五四运动那时，第一次世界大战胜利，中国参加了，但是人家并没有把我们当回事，强权就是公理，谁有强权谁就有理，一直到现在还是这样的。这些从小就看到的事情也让我明白，一个国家，要有个政治的力量，才能兴旺。

第二节　家道中落与思想启蒙

度过了平淡的懵懂无知的幼年时代后，我于1925年秋季开始进入本地四年制初级小学——高邮县第五学区第三小学读书，简称"五区三校"。学校的校长、教师由县教育局派任，多为县立师范学校毕业生。1929年，我以优异成绩从四年制初级小学毕业。我的老师、家长一致认为我应该继续进入高小学习。但因为当时当地尚无高小，于是同年秋季，我便前往县城北门外的县立第五小学五年级就读。虽然县立五小可以寄宿，但是因床位已满，我只好借宿于城内的亲戚家。走读了一个学期后，因路远不便，便决定办理转学手续。

1930年春天，我转入城内的县立第一小学五年级下学期就读，并在学校内寄宿。与五小相比，一小各方面均更优秀，特别是规模明显较大且师资条件较强，例如，当时教美术、手工的老师，便是后来留学法国的雕塑艺术家、中央美术学院的著名教师滑田友先生。另外，让我印象深刻的是，一小不仅教学正规、认真，而且很注重课外实践活动。有一次，学校将整个校园作为一个"市"，因为这个学校的前身为"致用书院"，故名"致用市"。在教师的指导下，学生们扮作"市民"和"参选人"，选举"市长"和"市议员"，管理学校包括交通、卫生等方面的"市政"，我便是在六年级上学期被选为"市长"的。想来，我后来之所以在学术上对"市政学"产生浓厚兴趣，很可能与这段经历有关。

  天有不测风云，就在转入一小求学的第二年春天，我的家中却发生了重大变故。我的父亲突然病逝，去世时年仅30多岁。当时在送驾桥镇虽有两家中药铺，但是却没有一名医生，外地医生只在每逢集市时才会到药铺"坐堂"。急症求医，附近却没有医生，再加上交通不便，离城市又远，延误至死竟然是很常见的事情。"屋漏偏逢连夜雨"，当年夏季又遇特大水灾，本已中落的家道更如雪上加霜。恰在此时，我又以第一名的成绩从第一小学毕业，当时自己唯一的愿望便是能够到江苏省立扬州中学继续求学。考试结果虽可使我如愿以偿，然而当时的家庭经济状况已经难以为我提供读书的学杂食宿费用，最后还是在母亲变卖首饰后，才能勉强入学。现在想想，"塞翁失马，焉知非福"，若非家中遭此变故，恐怕我就会像其他那些顺风顺水的富家子弟一般不求上进，人生又是另一种情况了。

第二章　坎坷辗转，万里求学

第一节　战火纷飞，边上学边当"小老师"

就在我有幸得以进入江苏省立扬州中学求学之际，国内形势发生了突变。自孩提时代即逢遭军阀割据的乱世兵祸恰才结束，国家民族却陷入了更危急的境地。1931年，震惊中外的"九一八"事变爆发。当时的我真的感到很痛心：在地图上那么小的日本，为什么那么厉害？而在甲午战争中，我们本来不应该败的，是当时政府腐败才导致了这种结果。现在，日本又想蚕食、占领东三省，如果不抵抗，东三省就全完了。老百姓也认为当时的国民党政府怕日本、不抵抗，已经没有希望了。在这次事变中，我所在的扬州中学师生同仇敌忾，积极投身抗日救亡运动。作为一名初入学的新生，我也在学长学姐们的带动下参加了一些示威游行和宣传工作。

次年，"一·二八"事变后，日军进攻上海，蔡廷锴将军所领导的十九路军进行了英勇的淞沪抗战。扬州离上海不远，我们扬州的中学生坚决支持抗战，大家都热血沸腾：国难当头，怎么能不打呢？怎么能不抵抗呢？于是大家便主动筹集经费并购买慰问品送给前方抗日战士。与此同时，国际上一件让人深感失望的事情是当时参加奥运会的中国队空手而归。当时中国人就被外国人认为是一盘散沙、做事只有5分钟热度。所以社会上、知识界提出了救国的种种口号，如教育救国、科学救国、实业救国。我们这些十几岁的年轻人，满腔热血，想的不是将来找个什么样的工作、干什么，就想着国家要怎么才能够站起来。我从小就念了不少古书，由此也深深地感到修身、齐家、治国、平天下的重要性。总而言之，国家在危难中，要救亡图存。想一想，为什么周恩来在13岁的时候就能提出"为中华之崛起而读书"？在那个战火纷飞的年代，我和所有爱国有志青年学生一样，一方面热血沸腾地想为国家兴衰命运而竭力奔走，另一方面却又对政府的腐朽无能而感到困惑与痛恨。

高中时期的夏书章

此时，虽然已是战火纷飞，但扬州中学的课业教育仍然没有中断。我还记得，那时的扬州中学不仅重视课程的课堂教学，对学生的全面发展也很注重。例如，当时已在国际流行的"童子军"活动，我们也曾经引进。扬州中学"童子军"是"第六十团"，在全省露营和各种比赛中名列前茅。而在某次智力测试的比赛中，我还曾获得全省第三的好成绩。然而，好景不长，在扬州中学就读两年后，我还是因为家庭经济拮据，无力交付学宿食杂费用而只好于1933年秋季辍学在家。在辍学近2年的时间里，我除了大量阅读外，还时常练习书法。当时的这些书怎么买得起呢？你们可能不知道，有一种便宜的书，叫"一折八扣"，一块钱定价的书只卖八分钱，"一折"就是一毛，还要"八扣"，那就很便宜了，所以，有些盗版的古典的书，我也看了不少。

在家自学典籍虽然颇有收获，但为现实所困的日子并不轻松，为了缓解家庭经济压力，只有14岁半的我便开始在当地的小学代课。当地小学因县教育经费困难，只有一名老师身兼校长，平时已经很忙，外加交通不便，于是便聘任我作为代课教师了。代课的报酬虽然微不足道，但与完全脱离学生活动相比，还是为我带来了不少乐趣。这也算是我毕生教师生涯的初步尝试。

第二节 机缘巧合续学业，大学志愿出人意料

尽管辍学在家，但我心里还是一直有着外出谋生和继续升学的强烈愿望。恰好，有位在南京《新民报》报社当排字工人的表兄知道了这个情况后，就为我在报社张罗了一份校对工作。但是此时家中已十分穷困，我连赶往南京的几块钱路费也没有。后来经过东挪西凑好不容易借到钱赶去南京了，又遇造化弄人：原来失业的人很多，原先说定的校对工作已经被人捷足先登了。此时留下没有事干，回去又没有路费，而且吃饭都成问题，可谓进退两难。

无巧不成书，这个时候，南京有个叫《首都学生》的刊物正在征文，喜欢看书看报的我看到了这个消息，就写了一篇文章——《我的家乡》，讲我家乡的情况。实际上那篇文章相当于一个调查报告，是谈关于家乡腐败问题的。没想到竟得了第三名，并获得10块大洋，不得了，差不多等于现在的好几百块。那个时候一个月伙食才五六块钱，吃饭没有问题了，

省着点用，这笔钱可以维持 2 个月的开支，终于算是暂时解决了生活方面的经济窘迫。

当时想，要回家吧，觉得不甘心。回去干什么？家里有个临时工的工作，是给初级小学代课，那个没多大意思。既然已在南京站稳脚跟，我又开始寻找继续求学的机会。就在此时，一位已经在南京一中就读的同乡建议我以同等学力（初中教育两年、在家自学两年）报考南京一中的高中。我就去试了试，因为事实上我在家里也念书的，辍学 2 年的时间我也读书自学没有荒废学业。最终，我以较好的成绩于 1935 年考入南京一中高中一年级，由于考试成绩较好，尤其是作文较为出众，校长李清悚先生对我很是赏识。因此，虽然当时还是有学费食宿方面的经济问题，但我还是遇上好心人了。校长除了让我享受免缴学费的优待之外，还特地介绍我到邻近的府西街小学附设的民众夜校担任老师，专门教民众识字，10 块钱一个月。当时 10 块钱一个月的工资是很低的了，但对我来讲算很好了，6 块钱伙食费，4 块钱买点衣服什么的都行。从此，我半工半读，算是解决了经济方面的问题。当然，每个学期免交学费的条件是必须保持品学兼优。这个阶段里，我白天学习、夜晚教学，逐渐使我养成了现在抓紧时间、讲究效率的好习惯。

1936 年，时局又有了大变化，"西安事变"爆发。我也是通过这次事件，深刻地认识到了民族大义在坚决主张抗日的共产党这一边。"七七"事变以后，日本飞机对上海狂轰滥炸，也轰炸了南京。此时学校正值暑假，距开学大概还有一个月的样子，眼见新学期开学无望，我就离开南京了，要不然就会遭遇大屠杀。那时有两条路，其中一条路是从南京到武汉。我没有到武汉，如果到武汉那就必然是到延安，因为当时年轻人都想去延安。但那个时候，又有一件事很巧，我过去的一个同班同学已经高中师范毕业了，并且在家乡的一个县城小学里当教务主任，他要我到他那里去教书。我想着那里离我家近，就去了那边而没有到武汉。回想一下，正是因为这份临时工作，我才有幸得以避过南京大屠杀这场劫难。

不过，覆巢之下焉有完卵？才过半年，我的家乡高邮县城也告沦陷。然而，日军此时只忙于占领"点"和"线"，对于偏远地区和广大农村尚无暇顾及，因此，我便决定回到与家乡仅一湖之隔的东乡同学家暂住。为什么不回自己家是因为我反对包办婚姻，并已宣布解除了一桩婚约，害怕此时回家会引起纷争纠缠。而在东乡这里，我的同乡同学较多，大家常在各村之间来往。

1938年上半年，学校普遍停止运作，我的求学机会又再度被迫中断。恰在此时，一些不希望因为战事而荒废学业的家境富有的家长希望为他们的孩子安排学习机会，于是在远离县城的一个水乡村庄创办了一个新式私塾，我也幸运地受聘为教师之一，管吃管住，总算有了安身之处，有事可干。当时江苏省很重视教育，省里了解到有大量城里出来的中学生，所以1938年下半年，江苏省教育厅便在兴化县中堡庄办了一个临时高中。我以三年级学生的身份进入该高中继续学习，把高三的课补上了。这所临时高中的教师多为原江苏省立扬州中学的教师，教学严格认真，让人获益匪浅。至此，在乱世中历经艰辛、学业几经断续的我总算在这所临时学校完成了高中学业。

然而，我自临时高中毕业后，既无业可就，又有家难回，更无闲饭可吃。前思后想，觉得唯一的出路便是冒险经过沦陷区赴上海尚未被占领的公共租界参加全国高校统考继续深造。当时，日本人已经占领了上海周围，但是公共租界还未被占领，国民党的教育部就在上海设了一个考点。由于我平时准备充分，考试结果可喜，并且于1939年被已迁往重庆的国立中央大学（今南京大学）法学院政治学系录取。当时的高校统考已开始实行填写报考三所高校和系科志愿的规则方式。我所报的三个志愿是：第一，国立中央大学（重庆）政治学系；第二，国立西南联合大学（昆明）经济学系；第三，国立交通大学（上海）铁道管理系。对于我所填报的高校和系科志愿，我的师长和同学们均大感意外，因为我当时在校各科成绩优良，按常理来说，应当报考当时属于热门的理工科；即使是报考文科，也应报考比较吃香的经济学，大家都不理解为什么我会把经济学列为第二志愿。但事实上，关于高考志愿的事，我既无人指导，也没有与人商量，完全是自己做的决定。

如今回看，正所谓"存在决定历史"，自己选择这个学科，除了自幼受到了正统文化中"正心、诚意、修身、齐家、治国平天下"思想与"上医医国，其次疾人"的说法的深刻影响之外，更与自己成长过程中的时代背景和时事环境紧密相连。这使我感到国家要有政治的力量才能兴旺，而对政治的学习、实践有助于振兴中华。现在想想，我那时还真是天真啊！因为还没有真正接触马克思、列宁共产主义思想，不懂得国家管理的道路和根本问题在于政权。

第二章 坎坷辗转，万里求学

虽然我已顺利被国立中央大学政治系录取，但由于时局混乱，自己入学还是存在很大困难，从敌占区去学校报到，要走的路十分艰难遥远，长江都被日本人控制了。我们现在出行很容易，可以坐飞机、火车什么的，但那时候难于上青天，几乎没办法去。就只有两条路，一条路是上海到香港，香港到河内，河内到昆明，昆明到内地，当时我哪里有这么多路费，因此这条路不可行；另有两位同学一起，我们决定走内部这条路。内部怎么走？从上海坐外国轮船走一段比较短的路程到宁波，那时候宁波还没有沦陷，经过宁波到蒋介石老家那里，一直到江西，然后到衡阳，衡阳到桂林，桂林到柳州，柳州到贵阳，贵阳再到重庆。

虽然这条路比经过香港的那条路便宜，但还是没钱。不过我也管不了那么多了，上路吧！一开始我们上了一艘意大利的轮船，这是外国轮船，但是船上锅炉间的工人都是中国人，他们很同情我们这些热血的学生，就把我们带到煤仓里头当小工，给我们饭吃，这样子就到了宁波。到了宁波我们就寻求地方政府帮助，他们看到我们是一些刚刚考上大学的沦陷区内青年，就给了我们车票。我们一路走去，经过溪口，再到奉化，然后就没有火车了。只有到衡阳才有火车，于是只能乘坐货车。但我们还是没钱啊，怎么办呢？老办法，我们那个时候都是20岁左右，司机非常同情我们。但这个货车不是现在的货车，没有汽油烧的，是烧木炭的，车尾挂着很多木炭。这种汽车有一个特点，木炭消耗得很多。所以我们跟之前在船上一样，通过当小工打水、做机车助手来顶车费，就靠这个坐上了货车，没有凳子什么的也都不管了，有的时候就直接在车上睡觉。这条路非常艰险，日军的飞机时时在头上轰炸，我们一路上看见有很多翻车的，还好我们命大！这其中的困难、惊险和苦累至今仍记忆犹新，是现在的大学生无法体会的。

等我们一路颠沛流离并于1939年最终抵校时，学校早已经开学了，好在校方因为我们的特殊情况而给予了通融。对于家乡沦陷的学生，政府发给贷金，使这些学生不至于为生计发愁。我们的生活当然很清苦，但令人向往的大学学习生活终于开始了！

第三节　我的终生情缘与志同道合的夫人

尽管已经进入了大学，但按照规定，到校还要通过甄别考试，主要是看语文和外语水平。如果合格，则可以上大一的国文和英语课；若不合格，还要进入补习国文和英语的班，待合格后再上大一国文和英文课。由于补习课不算学分，因此有同学因而不能如期毕业，同班同学中就有这样的例子。其实在抗战前原本没有这一规定，即大学本科原本不再开设语文、外语课程。但后来因为是在抗战时期，担心大学生的语文、英文水平可能有所下降，所以才有了这样的规定。好在，我还是顺利地通过了这个资格考试。

大学第一年的学业预备测试虽然得以完成，但生活方面却接连出现了不如意之状：当年在南京曾为自己介绍校对工作的那位排字工人表兄已随报社迁到重庆，我赴上海考大学时，他也曾鼓励我赴渝，这本是我来重庆读书的一个便利因素。谁知到了重庆后，我这位表兄已经病危，反而要为他料理丧事。另外，由于常吃"平价米""八宝饭"（里面有谷子、稗子、砂子等），我不幸患上了慢性阑尾炎，不得不去医院动手术。那时，我的同学中已经发生了很多例这种病。在当时，因为做这种手术是要开腹的，所以大家都感到很紧张，同学间经常开玩笑说"同是天涯断肠人"，直到后来我才知道，这只是普通的小手术。此时，我们校部虽在嘉陵江旁边，但是因为地势陡峭，用水颇为困难。加上敌机空袭频繁，供水不时中断，热天中断得尤其频繁。我后来之所以有节约用水的习惯，与这一段生活经历不无关系。

在课业学习上，我还记得，当时大学学习的阶段性很明显。一年级主要是公共课和辅助性课程，如大学国文、英语、中国通史、西洋通史、自然科学概论、哲学或方法论课程等，而且多与外系教师或外系同学合班上课。二年级后，才是本系和本学科的有关课程，以本系教师教授为主。1940 年，一年级的学习宣告结束。暑假后，我从大一新生部迁入学校本部。此时才算是开始真正地接触到本学科。那时候，我就读的中央大学法学院开设了法律、政治、经济等系。法学院全院共设了 57 门课程，其中，必修课程包括社会学、经济学原理、政治学、法理学、统计学等。第二学年起，学生开始分系，并同时认定一个辅修学系。学校为造就各科专门人才起见，又于各系内分为数组，各系学生自第三学年起，即认定一组专修，大体上共分三个组作为学生选课方向，即思想理论，历史组（简称理论组）；国际关系，外交组（简称外交组）；政府行政，法制组（简称行政组）。分别开设外交史、政治思想史、宪法、政治学、欧美政治制度、国际公法、行政法、政治史等必修课，教授有周鲠生、张汇文、孟云桥、戴克光、黄正铭、程天放、雷沛鸿等人。三组主要课程都是共同必修，分组未做硬性规定，选课由系主任和系秘书指导，毕业论文则是专业方向的体现。我当年选择的小组（选课专业方向）自然便是现在自己毕生投入的行政组①。

我之所以选择了行政组，主要是由于在一年级公选课接触政治学的过程中，对于课堂上讲的净是些大道理、空道理，心里很不是滋味，担心这样的理论组又要空谈，自然也是没了兴趣。而外交组，当时我觉得弱国无外交，深受帝国主义欺辱，还有什么外交可言，最后还是要回到讲内政上来。要知道，外交是内政的延长，你国家怎么样，在外面就怎么样，你国家强了，在国际上地位就不一样。所以，弱国无外交，要解决国家饱受帝国主义欺凌的这个问题，最终还是要回到内政上去的。至于行政组，我认为当时开设的市政学什么的讲的都比较具体实在，也有助于改善实践，而且，当年我们的系主任也是学行政学的，这最终促使我走上了行政学的研习之路。

至于当时授课的具体情况，我记得，当时学科的基础课或者入门课由系主任讲授，各门课程都有不止一部参考书，其中还有不少外文原著可供学习。当时西方行政学早期的几种重要著作，在民国时期基本上都已经在

---

① 历史资料表明，作为舶来品的行政学在此时已经落地生根了。首先，从理论研究来看，民国时期的行政学已经完成了从（北洋政府时期）探究顶层政治设计这一"国家建设"主题到聚焦包括行政法、财政预算、领导人事、行政效率等相关各个具体分支领域的转向。这大大拓宽了行政学的视域范围并直接丰富了学者的工作空间。其次，从研究方法来看，民国时期的行政学已经呈现出从哲学、法律、技术、历史、比较、实验等角度进行研究的多样化、交叉式的趋势。最后，从学科制度化来看，民国时期行政学界的发展也可谓如火如荼。当时专业的期刊创办、学术著作编译、团体协会设立、教育培养模式都开始逐步得以确立稳定。除此之外，当时的行政学界也发展出了诸多范围广泛的研究议题。具体而言，涉及政治、政府、法治与行政法、行政制度、官僚制、行政研究、科学管理、行政效率、财政与预算、公务员与人事、其他专门行政、领导力、道德与腐败、舆论与监督等多个方面。

国内翻译出版，但今天我们尚未有人再次进行翻译，如怀特（L. D. White）的《行政学导论》等。正是通过这些书籍著作，才使我有了接触西方行政界经典知识的契机。后来慕名前往芝加哥大学跟随怀特继续学习深造，大多也是受此影响。另外，在大学求学过程中，让我印象深刻的还有当时严谨认真的学风，具体地说，其一是当时的课堂笔记很受重视，被认为是一项基本功；其二是当时的考风考纪很好，期终考试时，负责主持考试的系主任在黑板上写了句英文"Honesty is the best policy"后便走出教室，教室内秩序居然一片良好。回想当年在中央大学所受过的这些教育，我感到大学本科教育之于治学做人还是有很重要意义的。

当时清华大学、北京大学、南开大学都是先迁到长沙，然后辗转到其他地区，没有带什么教学设备。但是中央大学有个最大的特点，就是它从长江很从容地用船把图书设备都运过去了，所以，它的图书设备都是非常好的。在中央大学艰苦而又充实的学习期间，时局又出现了新变化。1941年，日军偷袭了美国珍珠港海军基地，太平洋战争爆发。上海和香港也相继被日军占领。但我在重庆看到的却是另一番景象，当地仍是一片"歌舞升平"，大发国难财者过着花天酒地的生活。国民党政府"前方吃紧，后方紧吃"的腐朽行为使人民对其失去了信心，而遭到当局新闻封锁的力主抗日的《新华日报》（中国共产党主办）却在大学生中享有很高威信。这种表面万马齐喑、实际思潮涌动的局面在大学校园中也已出现：许多政治事件虽难以公开讨论，但学生们一般都是心中有数。而学生中的国民党员也开始被孤立，"三青团"（三民主义青年团）所组织的文娱活动也反响冷淡。与此同时，学界一些进步人士也开始以各种方式批判当局的统治并要求励精图治。令我感到大快人心的一次抨击，便是马寅初先生在重庆大学的一次演讲中对国民党政府财政状况的批判。

1943年是我大学本科的最后一个学期，此时课程已经基本结束，主要任务是撰写学位论文，由于当时我对国民党政府实行的独裁统治有所关注，恰好又有一位关注德国政治的老师给予指导，我在写作论文中便将当时希特勒如何从德国民主中"脱颖而出"作为线索进行分析，以期对政治时局有所回应。这篇题为《德国从民主到独裁的剖视》的学位论文是在同年6月完成的。

临近毕业之际，一时找不到工作，大家也都为毕业后的出路大伤脑筋。抗战时期整个社会秩序很乱，加上就业市场上"僧多粥少"，机关里人浮于事，如果没有关系，求职是十分困难的。我曾联系政府机构和企业单位，但这些求职尝试全部失败。不过，凑巧的是，那时重庆近郊某私立女子中学缺少英文教师，而我因为常看英文原著，外语功底较好，得知这个消息喜出望外，立即欣

夏书章和夫人汪淑钧（1946 年）

然应聘。巧事还不止这一件，同班毕业的女同学汪淑钧也正在找工作，因为有一位同学另有高就，就空出了该女子中学的教师职位，由汪淑钧接替。

汪淑钧是班上（总共十几个人）仅有的两名女同学之一，她成绩也很好，也考的是政治系。她考这个系的原因是什么呢？说起来也很简单，就是要妇女解放、男女平等，因为她的妈妈受她爸爸的虐待而离婚了，她就感觉要实现男女平等、妇女解放，于是便来学政治，认为政治可以实现妇女解放。我们两人同学4年，现在又有机会一起共事，彼此都认为十分有缘。我们在1943年年底结婚，婚礼非常简单，只是到市内请了一些同学和好友聚餐，宣布我们的婚事，然后回到学校把衣物用具搬到房里去就完成了。后来有一次，她还感慨起来："当初为什么要去学这个呢？"我就戏谑地说："是为了要嫁给我嘛！"我们两人，好像也真是应了"千里姻缘一线牵"的俗话。

第四节　哈佛求学：从专业见闻到"不如归去"

此时我们虽已毕业并在女子中学安顿下来，但在那里我们并不满足于所学的东西，觉得还不够，认为应该把行政学研究得更深一些，所以我心中又萌发了一个大胆的想法：前往行政学的发源地美国去继续深造！现在想来，主攻行政学的想法是在本科二、三、四年级的学习过程中逐步确定

的。这并非对理论、外交不感兴趣，而是感到吏治腐败，深信只要建立健全文官制度，便可以解决问题。当时想到作为学科的行政学，是从美国开始的，再加之自己的系主任就是从美国斯坦福大学学成归来的，他讲的课中最有名的便是——行政效率、民主政治。学习行政效率令人感到很有味道，但是民主政治我就搞不清楚，感觉稀里糊涂，一味地是美国民主、中国不民主的观点。于是我便想着应该要自己去美国一睹究竟，通过读研究生来专门研究这个学科。

不过，有一个棘手的现实问题便是当时虽有派遣出国留学深造的便利，但出国留学者仅被严格限定在理、工、农、医等科，文科、社会科学类的留学生概不派遣，认为没什么必要。所幸，此事在国际社会上得到讨论，美国舆论更是施压认为应当开禁。因此，国民党当局不得不有所放松，这才允许少量文科、社会科学类学生办理出国留学手续。当时我们能够申请购买当时的官价外汇出国，因为官价较低，不然，穷小子怎么可能有钱去国外读书呢？就这样，我的美国求学之路得以畅通。

由于大学时便已学习过当时由怀特所著的被公认为美国第一本行政学教材的《行政学导论》。那时学的还是他的英文原著，没有中文译本，并且怀特教授当时在美国芝加哥大学任职，他是白宫顾问。因此，当时我的首选是芝加哥大学。于是，我在离校前就慕名将成绩单寄往当时怀特教授任职的芝加哥大学，申请攻读行政学研究生。芝加哥大学随后回电接受了我的申请。在这之后，我便在教书的同时成功办理了出国手续。夫人汪淑钧因为她的老母亲无依无靠，所以决定仍留在重庆教书。自此一别，直到抗战胜利我回国后，我们两人才在上海得以重聚。

出国的手续于1944年1月办妥，各方面的规定、要求、口试我都通过了，手续也办好了，但当时去美国也很难。曾经本科求学的艰难之路竟又再次上演。我从重庆坐飞机到昆明，从昆明飞过喜马拉雅山到印度加尔各答，加尔各答坐火车到孟买，从孟买港口坐船到美国。这个船，不能往地中海那边走，因为被德国占据了；太平洋也不能走，那是日本的天下。只能走印度洋，所以我从印度孟买到澳大利亚悉尼、墨尔本，再穿过巴拿马运河到大西洋，又从大西洋到美国波士顿。现在没人这样走了，但当时，天上有飞机轰炸，海上有水雷，随时都可以把你干掉的。所以我们每个人哪怕是吃饭睡觉都拿着救生衣，随时准备着，以防不测。

最后，我们总算在波士顿得以上岸，而当时远近闻名的哈佛大学就在附近。因交通方便、地铁直通，我便决定去哈佛大学参观一番。这么一来，我才知道哈佛大学竟然已有成立多年的行政学研究生院（立陶尔学院）。20世纪60年代肯尼迪被刺杀，而肯尼迪家族在波士顿，他本人又是哈佛大学的毕业生，为了纪念他，哈佛大学的这个学院就改成哈佛大学肯尼迪政治学院。这个学院的规模较芝加哥大学更大，不是一个系、一个专业，而是一个研究生院，专门研究政府管理的研究生院。我觉得这样很好，如果能留在这里又可以念怀特的书了。而且我也很穷，如果留下来，从波士顿到芝加哥的路费也就省了，因为从波士顿到芝加哥还有很远的一段路，另外，哈佛大学的名气也大一些。当然，芝加哥大学是个有名的大学，但哈佛大学就更有名了。哈佛大学一看我原是芝加哥大学去的，而且已经得到芝加哥大学的审核通过，所以在看了有关资料后也马上同意录取我，于是我就在哈佛大学读研了。哈佛大学的入学手续办理得十分顺利，趁开学前还有点时间，我还参观了附近的一些院校，如在纽约州后来同样是行政学研究名列前茅的锡拉丘兹大学等。

在哈佛大学和附近的麻省理工学院读书的中国留学生很多，还组成了中国同学会。任教的中国学者也不少，其中与中国学生关系最密切的，莫过于最著名的语言学家赵元任教授。赵教授的夫人杨步伟女士同赵教授一样好客，凡新到此地的中国学生都要被邀请到赵家吃饭，据说这已经成为惯例。当然，赵元任教授更是大家都乐于拜访的中国学者，无论是当过北京大学校长的胡适之先生、当过中央大学校长的罗家伦先生，还是当过岭南大学校长的陈序经先生等都经常到赵先生家做客，我也曾在赵先生家见过他们。

中国同学会是一般性的联谊型组织，但在留学生中还有旨在建设国家的爱国进步团体，不时讨论国际国内局势。后来，在抗日战争胜利前后，这些海外学子大多数都回国进行支援与服务，以科技界、教育界居多，如科学院、社会科学院等，而在高等院校任教的人更多，成为当时学界的一股中坚力量。

美国作为现代行政学科的发源地，自1887年获得独立地位以来，怀特等老一辈学者都做了不少的理论贡献。在我1944年来到美国之时，学术界已有了较深厚的知识积淀和较高的组织制度化水平。在这一年，我也以专业研究生的身份加入了当时由古利克担任主席的美国公共行政学会①。

入学后的学习经历使我深感美国的教育方法和国内大学本科的教育方法很不一样。现在想来，在美国有一种叫 seminar（课堂讨论）的做法很值得采纳，很多门课程都是预先指定基本参考书，由学生完成读书报告，再进行现场讨论。课堂上教授讲的内容较少，但是讨论很多，课堂上一般有一二十个人与一位老师在场，大家需要提前做好准备，熟读老师所给的参考材料，然后再进行讨论。这令我印象很深，也慢慢地提高了我想问题、做研究的能力。同时，美国教育非常重视学生的实地调查研究或考察访问，这些是学习计划中的重要组成部分，书面的案例研究也是必不可少的。此外，美国教育还有一个鲜明的特点，就是经济政策和财政预算方面的知识备受关注，曾任美国经济学协会主席的汉森教授所讲的经济分析和经济政策课程属于高校学生必修课。因为政府管理有大量问题是跟经济学有关的，如财政、预算、审计等，千头万绪中，要抓重点、抓经济，经济很重要。尤其是政策，政策对应得不好，问题就严重了。所以，我们不应把行政学架空，净谈一些空话，空头管理。上述接触到的包括课堂讨论、实习调查、案例研究等教育理念，对我日后从教生涯以及学科建设过程中的思考实践都产生过重要影响。

哈佛大学所在的波士顿同时也是州政府所在地，学生们被介绍或安排到州政府做短期实习是常有的事情。州政府对哈佛大学研究生的实习都十分重视，会向学生们详细介绍情况，允许学生们旁听会议，还会安排

---

① 自1887年威尔逊发表《行政学研究》，行政学获得独立地位，美国行政学开始进入"行政与政治分立"的范式期，也可谓行政学的经典理论时期。泰勒、古德诺、韦伯先后著书立说，为行政学的发展奠定了基础。等到夏书章于1944年来到美国后，此时的学术界已有了较深的积淀，例如，他所关心的市政学相关问题，早在1904年就由亚当斯（J. Addams）所呼吁并倡导研究。而吸引夏书章来到美国的怀特也是在1926年因编写第一本教材《行政学导论》而声名鹊起。此外，学界还呈现出了多学科交融的趋势，包括：社会学家莫顿（R. Merton）对官僚制及组织"反功能"的研究，心理学家（A. Maslow）提出的"人类动机论"，经济学家纽曼（J. Neumann）和摩根斯坦（O. Mongenstern）的"博弈论"研究。夏书章在其回忆中提到，当时自己在行政学的学习过程中，多接触到经济背景专长的老师与相关课程便是对此局势的反映。除此之外，学科的组织制度化进程也开始启动，1939年，在布朗洛（L. Brownlow）等人提交的《总统行政管理委员会报告》之后，美国行政学会也相应宣告成立。另外值得一提的是，在夏书章留学的1944—1945年，美国行政学理论史也正好处于范式交替更迭的准备期，随后两三年内便出现了著名的"西沃之争"。

"办公台"。因而，在州政府实习是很有收获的。当时的美国实行城市经理制度，而巧合的是，哈佛大学所在地康桥的市经理是我的同班同学，这对我在学习市政学专题时，就近了解各部门的具体情况和问题非常便利，这段经历大大加强了我对政府经济学和市政学在实践方面的应用和了解。

我那时虽也一直心系祖国，但是留学在外，只好把忧国忧民的情怀全部倾注在发奋学习上。因此，在美国的几年时间里，除了课余在哈佛大学的幽静校园里散步外，我很少涉足五光十色的异国闹市。不过，当时也遇到过令人愤慨的事件：美国一本国际影响力很大的著名周刊刊印的新闻地图，在不做任何说明的情况下，将中国东三省部分印上"满洲国"字样。我曾当即去函表达意见，认为那是日本侵略中国、占领该地区后所制造的傀儡国家，国际上包括美国等都未给予承认，而且美国正与日本作战，新闻领域不应该做此处理。可是对方的回复却只是表示，对我的爱国感情非常理解，但"满洲国"确实是现实，希望将来能有所改变，等等。这使我不禁感叹，只有国人自强，才能真正洗雪国耻。

关于在美国留学受教的经历，我的另一个印象是，当时美国高校的学制并不一致，有传统两学期制的，即一个学年除寒暑假之外两个学期；也有三学期制的，即在两个学期之外，增加一个暑期；还有四学期制的，即一学年分为四个学期，学生可以自行选择。但是三学期制和四学期制的学生，寒暑假也不能休息，因为寒暑假也计算学分，这样毕业时间也可以缩短。有的学生想利用假期做些事情，有的学生则想尽快毕业，所以这种安排也有其便利之处。在战争时期，美国学校一般都有暑期学校，哈佛大学也是如此。但是在 1945 年，校方决定停办暑期学校，以便让教师休息。这对于想尽快修完学分毕业的学生而言不太方便，但也有补救的办法，即到哈佛大学承认学分的暑期学校去上课。我自己想尽快毕业，又了解到明尼苏达大学的学分被哈佛大学认可，于是便前往该校就读。当然，哈佛大学承认学分的学校不止明尼苏达大学这一所，我之所以选择这所学校还有些偶然性。主要有两点：一是我认识的汉森教授曾在明尼苏达大学任教十几年，然后转到哈佛大学教书，关于承认、修习学分的事情首先是他向我提议的；二是我的同班同学便有来自该州的，他家就在离学校所在地明尼阿波利斯不远的曼卡托，他很热情地鼓励我前去就读。

留学期间让我印象深刻的还有美国大学的一系列教育管理制度。例如，从汉森教授身上就可以看出哈佛大学聘请教授非常重视学术上的择

夏书章于美国哈佛大学留学期间（1945年）

优。汉森的博士学位是在威斯康星大学获得的，在明尼苏达大学任教十几年，在他所从事的学科领域有出色的成就之后，才被聘为哈佛大学的教授。这样的例子并不是个别的，哈佛大学之所以能够在长期办学过程中逐步形成在学术地位、声誉和环境等方面的优势和吸引力，应该与这种"择优"不无联系。当然，还有一个重要条件，就是基金雄厚，吸引力有物质保障。此外，哈佛大学对师资队伍的近亲繁殖也保持警惕。本校博士研究生取得博士学位后立即留校任教者较为罕见。例如，我的一位来自明尼苏达州的同学，后来在哈佛大学获得博士学位，但是未留校任教，而是在外单位工作了若干年，证明了其能力、经验符合哈佛大学的要求后，才被聘请为哈佛大学的教授、院长。他本人也以此为荣，并且甘愿放弃担任另外一所大学的校长的机会。

  1945年暑假，日本天皇宣布日本无条件投降的消息传遍世界，当时，我情绪激动，第一时间想到"漫卷诗书喜欲狂"的诗句。然而，想马上回国的想法几乎不可能实现，其中首要的就是交通问题。不说国际空中客运后来才逐渐发达，当时连海上客运也恢复得比较慢，而且都极为拥挤，要排长龙。于是，那个秋天，我回到哈佛大学继续学习。若是一般的文科硕士学位，我暑期前在明尼苏达大学修的学分就已经够了，然而行政学硕士像工商管理学硕士一样，是专业学位，要求更多。

  与本科一样，为获得毕业学位，仍需作专业学术论文一篇。我将自己本科便已接触学习过的"行政效率"作为研究主题，开始作文探讨战时中国地方政府的这种"反常"的行政高效率。1946年1月，这篇题为《中国战时地方政府》的专业硕士论文完成并获得通过，我顺利地获得了硕士学位。

  尽管当时归心似箭，但鉴于交通状况不佳，一时难以成行，于是我便办理了博士学位候选人的申请。留在本校继续研读深造，虽然算是我本来的心愿，但后来想到国家抗战已经胜利，另外也考虑到我的夫人，于是我还是想回国。我们结婚以后是我一个人出国的，后来夫人本来找到一个机会当助教，可是她很孝顺，因为不愿意将妈妈一个人留下而放弃了。所以此时，在自己心中占主导地位的仍然是"不如归去"。于是，我便开始找机会在轮船公司进行排队登记，静候通知，学校方面则不再缴纳学费注册，仅付较少费用保留图书馆使用权利。不久后，便得到消息可以赴远东客轮在西海岸港口城市旧金山出发。因此，在估计时间许可的情况下，我选择了乘火车经美国中西部各州，绕道南方各州，到南加州，再由洛杉矶抵达旧金山。这样横穿美国是一次很有意义的旅行，从中了解到不少的美国风土人情。我在旧金山又等了些时候，由于正规客轮还要等很久，所以我又只好搭乘一种在战时生产的"自由轮"经日本回到上海。此时由于战争已经结束，这次航行时间仅用了约 20 天，是当初去美国所花时间的一小半或约 1/3。日本投降后被美军占领，经过日本时，只觉市面萧条，与后来我于 20 世纪 70 年代末再经过日本时的繁荣景象形成鲜明对比。

夏书章在中山大学（2018 年）

第三章　中大浮沉，六十奋起

第一节　南下广州，结缘中山大学

回国前，我与新婚不久即分别的夫人汪淑钧相约在上海重聚。双方均为交通阻塞所苦，结果竟然还是我这个路程较远的先到，而夫人因为客轮的关系迟迟未到。当时，上海社会秩序仍然很混乱，我在旧金山托运行李时便被告知不予保险，上岸后，我的手提包果然不幸失窃，现金、护照、相机等都在其中。好在有朋友的帮助，不然可能会更狼狈。

1946年重逢后，我们夫妇连同岳母三人借宿到同学家中，对我而言，最现实和迫切的问题是如何找到工作。我当时很天真，主要是没有经验，回国之前根本没有考虑过找工作的事情。本来按照现在的办法是先找好工作，但我却不管三七二十一就回来了。那个时候内战情况我也不大清楚，总之国共已经打得很厉害了。胜利以后，国民党打共产党，大家都朝南方跑了，但是我不知道。当时上海、南京、杭州人满为患，就业市场上的基本情况是"僧多粥少"。我在上海活动，跑到复旦大学、浙江大学、中央大学（今南京大学），人都满了。特别是南京大学，老系主任说："我们会介绍你，但不能给你高职薪，因为你的同班还在当助教。"因为我的学历高了一点，当然得给高一点的职位嘛，但和我同班的还在那里当助教呢。我再一次尝到了"毕业即失业"的滋味。东北大学倒是需要人，可是那里既远又是内战前线。最终，我于1946年秋接受了一位已经在江苏学院当院长的老师的邀请，前往徐州受聘为该校的副教授，在校教授政治学、行政学、市政学和管理学。但是，种种迹象显示，"自古便是兵家必争之地"的徐州也已经风云涌动，社会上时不时传闻有重兵向徐州集结，或者是守城部队与某些来路不明的"伤兵"产生纠纷，人们开始纷纷讨论的实际上是可能即将到来的国共战争。

在这之后不久，夫人汪淑钧也来到徐州并任教于连云中学。但即便如此，家庭生活依然艰难。当时两人的工资供三个人生活（连岳母）很是勉强，而家庭负担较重者生活则更加艰难。城市基础设施和学院生活设施均较差，没有自来水、水厕、煤气，连电力也不足。这主要是由于在经济方面，国民党政府已无法控制物价飞涨和通货膨胀，靠工资维持生活的政府职员和公立学校教师的薪资跟不上物价的提高，因此不得不上街呼吁、请愿。江苏学院的教职工开始酝酿罢教，广大学生和社会各界深表同情和支持，但学院规模不大，而且为徐州唯一高校，所以声势也小。总的情况便是，人心浮动，大家都想走。

1947年年初，我决定利用寒假回到已经离开了12年的家乡去看看。虽然家乡在本省不算太远，但仍然不能当天到达，需要在途中过两个晚上和三个白天。我第一天乘火车到南京，第二天乘火车到镇江，过江后搭汽车到扬州，第三天出扬州北门坐手推独轮车才到送驾桥。12年来家乡变化并不大，基本上都还是老样子。我的长兄过继给老长房，自立门户。老母亲则与我的两个弟弟居住在一起。除了祖屋外，祖产已经变卖光了，仅靠做点小生意在维持，但是看得出光景不妙。由于我外出求学，完全是自力更生，没有分享家产，家人对此似乎有愧。但同时，他们心中却也认为我这个穷教书的没什么出息，因此对我自然也没太多指望。

回到学校后不久，岳母因病去世。因生活待遇问题，学校师生不断进行罢教、罢课、请愿，院长因受到内外上下很大的压力故而萌生了退意。对于教师中想走的人，学院已经不再劝说、挽留。我人生中的一个转机也就此出现，当时在广州的国立中山大学缺乏教师，到南京招聘。考虑到中山大学是我从小崇拜的伟人孙中山先生亲手创办的，而且也是当时全国较早设有研究生院的三所大学之一，我便欣然前往应聘，院长也十分乐意推荐。此事较为顺利，中山大学的聘书随即送到。巧的是，正在此时，江苏学院来了一位新院长，为稳定师资队伍，新院长曾提前向我发出聘书，加薪晋级为教授。但因为中山大学之聘，我最终决定前往广州，没有接受新院长的续聘。1947年7月起，我被时任校长王星拱聘请为中山大学法学院政治学系教授，从此便终生与中山大学结下了不解之缘。

我还记得，当时在高校教师中实行的聘任制度，一般是按照学年在暑假前进行聘任。如果执行得好，不仅有利于人员的流动，实现双向选择、优化配置，而且有利于做到公平、合理。但是其弊端在于，有时候不免会受到政治和不良因素的影响，如解聘或者不聘进步教授，不学无术之流则尸位素餐，等等。

当时虽然我已决定前往中山大学任教，但实际上，转往广州的交通有很多不便。我们是先到上海，然后从上海乘船，经武汉的粤汉铁路抵达广州，因事前了解情况不够具体，我还曾误去了石牌，发现不对后才又转回至城区文明路中山大学教职工住宅区。此时，校方已经做好了安排，让我能够入住新的北斋宿舍。宿舍有一大二小共三间，仍然没有卫生间和厨房设备。广州的居住条件是我始料未及的，而校长王星拱很快就亲临作礼节性慰问，使我们这些年轻的教授有受宠若惊之感。校长亲临的难能可贵之处还在于当时并没有副校长，学校院系较多，百忙之中校长还亲临慰问确实非常不易。

按照聘约，我负责教授行政学、市政学和行政法三门课程，横跨了法、政两系，也有经济学系的学生选修。政治学系的教育培养比较关注实践，师生们曾组成市政考察团，分民财、教育、社工、公用事业四组，还组织旁听队列席旁听省参议会，又组团去我国台湾地区考察政治。除此之外，学术活动也很频繁。

当时我的月薪是 500 元，这看起来是高薪，但其实纸币已经贬值。另一个新情况是，在徐州时是我们夫妇两人工作，但在广州人生地不熟，一时夫人难以找到工作，只好靠我一个人的工资维持。不久，家庭中的第一位小成员在 1947 年 11 月出生，家庭负担自然也更重了。

第二节　"国立中山大学教授活命大拍卖"

每况愈下的时局导致学校的总体学术氛围缺乏，教师们也忙于柴米油盐等生计，千方百计地为得到手的工资保值，甘受"剃刀门楣"的刮削。与此同时，我也深感在全国范围内，国民党政府已经越来越病入膏肓、不得人心。经济上，通货膨胀日益加剧，人民怨声载道；政治上，发动内战，压制民主。广州毗邻港澳，与进步报刊和无线电接触多且快，北方发生的各种政治事件，在这里都会迅速得到积极和强烈的反响。1948 年，中山大学已经有反内战、反饥饿、反迫害的进步教师与学生被捕入狱，一些有正义感的教师也挺身而出，积极加入了为营救被捕师生而奔走的行列，校长王星拱便是在此抗议行动中愤而辞职。

1949 年，国共战争形势发生急剧变化，共产党军队正摧枯拉朽式地捣毁着国民党旧势力的腐朽统治。同年4月，国民党首都南京宣告解放，国民政府迁往广州。此时，尚未解放地区的社会生活也已经随着国民政府统治的瓦解而濒临崩溃。身处水深火热之中的中山大学师生开始与国民党的最后顽抗做斗争。我印象深刻的是，当时，恶性通货膨胀已经十分严重，"金圆券""银圆券""关金券"的出笼导致情况越发严重，货币价值甚至早晚不一。国民党教育部已随迁至中山大学旧校区，中山大学一些年轻的进步教师便在教育部的牌子下罢教并举行"国立中山大学教授活命大拍卖"。因为活不下去了，拿着一个月几百万的工资都买不到东西，一拿到钱马上去买东西，早上跟晚上的价钱都不一样。于是，我干脆也将家中的网球拍、精装书、录音机拿出来拍卖，积极参与支持这场政治斗争，抗议国民政府乱政所引发的通货膨胀。后来，解放大军南下势如破竹，国民党反动势力还妄图将中山大学举校迁往海南，好在全体师生在护校运动中通过明面里抵制、暗地里拖延的斗争策略成功保住了学校。1949年10月14日，广州最终获得解放，解放的当天晚上，全城整夜电灯通明，而我和夫人安排好两个孩子睡觉后，就到客厅里去下棋，兴奋得彻夜未眠，最后竟未听见一声枪响。解放之日也是秩序井然，中山大学师生和广州市民都在热烈庆祝、欢迎共产党的到来。

1949年，广州军事管制委员会文教接管会中山大学联络组聘我为中山大学协助接管工作委员会委员。由于早有准备，中山大学的接管工作十分顺利。我协助接管工作委员会组织参加对共产党政策方针、理论思想方面的学习，以便尽快跟上、适应新的形势。在社会方面，为了尽快缓解通货膨胀所导致的金融秩序紊乱，协助接管工作委员会还动员中山大学师生到社会上去参加取缔"剃刀门楣"的行动，此举得到广大市民的积极配合与支持，人民币受到高度信任，物价变化也不再像解放前那样如脱缰野马。几乎是一夜之间，人心竟然安定下来，连曾经对共产党抱怀疑态度的人也相信共产党有回天之力。

第三节　参与改造，百味生活

1951 年，中山大学全校师生员工都参加了轰轰烈烈的广东省土地改革运动（以下简称"土改"），在"土改"期间，我担任一个村的工作组长，与贫雇农实行"三同"（同吃、同住、同劳动），"扎根串连"、访贫问苦，结合清匪反霸，进行阶级斗争。后来由于要回校开展思想改造运动，未能经历土改的全过程，但所受到的教育是深刻的，并为进行思想改造创造了有利条件。另外，刚刚解放不久，可能是因为我当时担任过市政学教学工作的缘故，应时任市长叶剑英之聘，我担任了广州市人民政府市政建设计划委员会委员（发聘书日期为 1951 年 7 月 14 日）。

当时为适应形势发展的要求，中山大学在全校教工中举办了两个学习班：一个是马列主义夜大学，主要是学习四门政治理论课程。教工们表现出了较大的学习热情，认为学习很有必要，学习秩序、气氛特别好。重视学习，是在中国共产党领导下各项工作进程中极其显著和重要的特点。有进步要求的高级知识分子很赞赏这种工作方式，更因为这种学习不只是简单的政治宣传，而是颇有理论意义和学术价值的内容，如马克思列宁主义和毛泽东思想系统的理论著作或有理论分析和事实根据的正式文件等。另一个是俄文学习班，大家对此同样有较浓厚的兴趣和较大的积极性。一般已有一门外语（如英语等）基础较好者，进步较快，不少人不久即能直接运用俄文教材、资料学习或工作。夫人汪淑钧则嫌学习班进度太慢而加强自学，并较快出版了译著。

家庭生活方面，1950 年，我们夫妇俩又多了一个孩子，家务负担更重了。由于 1952 年院系调整，我们家的经济状况也愈发紧张。当时大多数家庭的经济生活开始出现困难，物资逐渐明显短缺，需要凭证购买的生活必需品和日用品项目日益增多。如粮油、煤、鱼肉、布、纸、皂、烟、酒、糖等，都需要票证来购买。紧俏商品更是供不应求，"走后门"之风随之而来。由于生产跟不上，有些商品形成"外销不行转内销，后门不要前门要，沿海多了转内地，城市不要农村要"的局面，也即只有"卖方市场"，各种流弊也随之蔓延、滋长。在我参加"土改"期间，夫人独自在家照管 3 个幼小的孩子，大的还不到 4 岁，小的才几个月。后来找到一个很能干的老保姆，只好尽量削减开支，省下钱来付保姆的工资。等我参加"土改"回来后，为了节省开支，我们又辞退了保姆，自己料理家务。

1954年年初，夫人被学校安排到历史学系任翻译员，为系里翻译俄文的教学资料。但1958年，她偶然听到有人讲闲话，说她能到历史学系去工作是靠我的关系。这种说法使她非常愤慨，认为是对她人格的侮辱，一气之下就向系里申请退职。系里开始没有同意，当时的校党委书记还曾劝她说："对这些闲言闲语不值得生气。最好的办法是左耳进、右耳出，不必当一回事。"后来因为她决意不干，而且学校已开始搞"精简下放"，系里经过考虑后就批准她退职了。可是，退职后又有人讲闲话，说她是想回家译书，搞"自发"。她不禁感慨地说："要真是这样，我就不会到历史学系去工作了。我真不明白这些人是什么心理，为什么总是爱无事生非地讲别人的闲话呢？"退职不久，因学校在搞"人民公社化"，夫人便被聘为中山大学人民公社福利部副部长兼幼儿院院长，要她复职去负责管理学校的幼儿院。

令人痛心的是，夫人工作了不久，我们的次子夏纪善便突然得了细菌性痢疾。由于校医室的一个医生将其随便当作一般的痢疾诊治，以致延误了最佳治疗时间，等把孩子送到市内一家大医院去抢救时，已经迟了。看着一个聪明伶俐的孩子才5岁多就这样夭折了，夫人顿时感到眼前一片漆黑，仿佛掉进了一个万丈深渊，被医生扶到一间休息室内躺了好久才慢慢缓过来。留在家里照看另外两个孩子的我听到这个噩耗时，也不禁失声痛哭。但令我十分感动的是，当时协助许崇清校长主管全面校务的革命前辈冯乃超副校长的亲临慰问并且在事后给予我们照顾和支持。不仅如此，为了避免我们夫妇两人在原住处触景伤情，冯副校长建议我们迁一新居，生活条件同时也有所改善。冯乃超副校长在华南、中南和全国高教界以政策水平高、领导作风好、善于团结人等优良品德著称。在他领导下工作过的同志们无不对他保持深刻的怀念。此事虽小，却令我们夫妇终生难忘。

1954年年底，我们的第四个（现为第三）孩子夏纪康出生，原应为三儿，事实上是次子。按照"真善美"来给孩子取名的想法破灭了，于是我们便用此时一家居住的康乐村为孩子取名，也有愿其健康成长之意。

第四节 繁忙的政治运动，频繁的岗位调整

1956年，我加入中国共产党，在中华人民共和国成立后的知识界，加入中国共产党是政治生活中的一件大事。由于我从感性认识到理性认识，都有较多的思想准备，于是便提出入党申请。经过小组、支部、党委直到省委各级组织的讨论、审查，我顺利通过并成为预备党员。在此期间，我在担任教学和教研室工作的同时，兼任校基层教育工会的工作。后来又分别兼任基层工会主席、市教育工会委员、市总工会执行委员等。1957年，我作为广东省代表团成员之一，赴北京出席中华全国总工会第八届全国代表大会，开展"反右"（反击资产阶级右派分子的猖狂进攻）斗争。1958年，在干部下放劳动锻炼运动中，中山大学组织教工到高明县农村进行劳动锻炼，成立下放干部大队，我被委派为大队长，在下放劳动锻炼过程中，我又被推选为县、地区、省下放干部积极分子，并由此转正为正式的中共党员。同年，我在代表学校出席南京大学科学讨论会期间，还顺道回家乡探望了母亲，了解到母亲、兄弟的阶级成分。他们是按中华人民共和国成立前3年的情况划定的，过继老长房的长兄为地主、两个弟弟为游民、母亲为贫民，家庭成分应明确为贫民。因为母亲在家生活困难，我便开始准备接她来广州一同生活。

随后，整风"反右"运动爆发。我自1958年起也先后担任了不少领导工作，"反右"、经济困难、"社教四清"使我忙得不可开交。也因此而闹出了一个笑话：当时幼儿园的老师曾问我的孩子"父亲是做什么的"，他们回答"开会的"，当时会议之多由此可见一斑。在这场活动中，我坚持认为，"肃反"（肃清反革命分子）在革命队伍、革命阵营中是不可缺少的，但应力求准确，不应扩大化，以免产生冤假错案。

1962年，中国共产党制定的社会主义建设总路线，同出现不久的"大跃进"和"人民公社"，合称"三面红旗"。如果能真正跃进，那自然是大好事，但不能仅凭急于求成的主观愿望而不顾生产、社会发展的客观规律。"人有多大胆，地有多大产"的口号，是无视科学的表现。几年超什么、几年赶什么的目标，以及经过不太长时间的努力，就可以"跑步进入共产主义"等提法，显然失之轻率。与此同时，伴随着批判"右倾""保守""白专"的运动在各个领域内的广泛展开，在高等院校中，

夏书章于广东高明任中山大学下放劳动锻炼干部大队长（1958年）

"树红旗，拔白旗""批判反动学术权威"等活动一时也颇为流行。当时也曾听闻由学生编教材的主张，并且似乎已有过试点，但持续时间不长，而且问题并未真正获得解决。由此可见，在"反右"高潮之后，对"左"的情绪和思潮也应保持清醒和警惕，可以说这是一种历史教训。

1959年秋，学校开展"向党交心"的运动，号召大家向党讲真心话。夫人汪淑钧在小组会上坦陈自己的"心事"说：到幼儿院工作后很担心已经掌握的英、俄两门外语会荒疏。校领导知道后，立即决定把她调到外语系去教外语，让她能用其所长为教学服务。这不仅使她又一次感受到领导对她的关怀与信任，而且使她深切地体会到妇女只有在新社会才能得到公正的待遇。

1960年，为稳定办学秩序，《高教六十条》① 颁布执行。根据新的实际需要，中山大学哲学系复办时，宣布招生的有两个专业：一个是哲学专业，另一个是政治学专业。我被调任哲学系副主任，负责分管后者。一年后，政治学专业又被撤销，并入哲学专业，可谓昙花一现。

---

① 即《教育部直属高等学校暂行工作条例（草案）》，1961年9月15日由中共中央批准讨论后试行。

同年，次女夏纪慧出生，至此，我们夫妇共有四个孩子，两男两女，即纪真、纪美、纪康、纪慧，代表真诚、美好、健康、智慧。在这一年，我还参加了省里派往潮汕地区"整风整社"工作队，主要是整治一个时期以来的"刮共产风"，搞"一平二调"。当时农村的生活极贫苦，主食是番薯，粥水很稀薄。我对"吃三顿干饭"的号召记忆犹新，可见，没有科学根据的估计害人不浅，随心所欲的瞎指挥、"乱弹琴"则是极不负责任的表现。事实俱在，对比鲜明，教训非常深刻。那一年，苏联大举撤回在华专家并撤销合作建设项目，也给我们增加了一些暂时的实际困难。

1962年，我仍在哲学系工作。由于政治学专业停办，成立了美学、伦理学、逻辑学教研室，我便顺其自然地开始为伦理学教学做准备。在这一时期，我开始阅读这方面的有关资料，深感问题重要，值得认真研讨。然而，就在我准备进行伦理学课程教学时，却又在次年被调往校部任副教务长，教学工作完全停止。当时教务长领导教务、科研两处，分工管文科教研。

当时，全省进行农村"社会主义教育"运动试点，中山大学组成工作队被派往高州县农村人民公社，我任副队长。同年，我的母亲来到广州，但其在生活上一直难以适应，又因听闻广州推行火葬，思想顾虑颇大，于是决心回到家乡。我只好每月按时给母亲寄去生活费，不过后来母亲病逝时家乡也已实行火葬。

1964年，我在高州参加"社会主义教育"试点回校不久，又被派往花县参加正式开展的"社会主义教育"。当时省里有规定，干部须参加两期"社会主义教育"运动。我有一次参加一个全国性高校教学

夏书章夫妇和孩子们（1964年）

工作会议，同行的有某重点高校代表和一个一般高校代表，前者是教务长、教授，后者为副教务长、讲师。报到填表时，前者仅写教授，后者仅写副教务长，结果是前者住散铺后者住单间。这让我很是感慨，原来"官场"习惯是只看职务、不论职称的。过去教授、讲师为"学衔"，但非"官衔"，后来也有作为职务的，但却是教学职而非行政职。由此看来，这种"官本位"观念似乎在国人心中根深蒂固。

次年，长子纪真从广雅中学五年制试点班（"尖子班"）毕业，统一高考后被中国人民解放军哈尔滨军事工程学院优先录取。因他在中学读书期内对跳伞运动颇有兴趣，并曾在全国比赛中获奖，所以他便选择了航空工程方面的专业。

第五节　十年浩劫，采茶、养猪、种菜、牧羊

从1960年起，本想我们的生活应已日趋安定，不料，接下来的十年浩劫使我们一家受到了猛烈的冲击，无论是工作还是生活都被打乱了。1966年，"无产阶级文化大革命"运动爆发，高等院校首当其冲。大字报铺天盖地，矛头直指"走资本主义道路当权派""反动学术权威"等，要"横扫一切牛鬼蛇神"，"破四旧""造反有理""革命无罪"……大字报之外有批斗会、抄家，有文斗，也有武斗。后来，发展到"打派仗"，一度"复课闹革命"，但甚为短暂。在这期间，令人纳闷且想不通的事情比比皆是。

"文革"初期，"踢开党委闹革命"，学生不读书（当然教师也不教书）、工人不做工、农人不种田，盛行"打、砸、抢"，批斗、管教、污辱、伤害时有发生。这期间，知识分子就是"臭老九"，靠边站、进干校、自杀事件时有所闻，说得较多的是由于"畏罪"，也有认为是"经不起考验"的。"革命组织"内部分派以后，出现了"站在哪一边"的问题。干部（包括批斗、审查对象）群众纷纷"表态"，于是有另外一番"热烈"场面。被攻击为"投机"者有之，被看作找"靠山"者亦有之。不"表态"者又常成为众矢之的。"逍遥派"则是都不得罪，"明哲保身"，乐得逍遥的一些人，为数估计不少。困扰着人们的问题是国家能长远这样折腾下去么？"抓革命，促生产""斗批改"等口号虽已提出，奈何难以落实！

在此期间，我也一夜间成了"反动学术权威"，被"造反派"打入了"牛栏"，不仅被抄家、挨批判，还被限制人身自由，不许"乱说乱动"。"造反派"给我罗织了三个"莫须有"的罪名：其一曰"漏网右派"，皆因许多法学家都被错划成了右派，而我却没被错划为右派，自然属于"漏网者"；二曰"国民党特务"，皆因我曾毕业于南京原国立中央大学，与国民党办的"政治大学"的校名差不多，自然是"特务"了；三曰里通外国，报载美国原总统肯尼迪与我是哈佛大学校友，年龄同我相近，与"反动元凶"是同学，那还了得，势必有瓜葛。有一次，有人把我叫去"审问"，硬要我承认一些莫须有的"罪名"。因我不肯在他们事先写好的所谓"罪状"上签字，左胸便被打伤了。到校医室去治伤时，竟没有医生敢开药。幸而校医尚敢于代为照 X 光片，后到市正骨医院治疗，历时近 50 日基本恢复正常，但遇阴雨天气，左胸仍隐隐有痛感。

夫人汪淑钧了解我的过去和为人，因为看见"揭发"我的大字报上列举的所谓"罪行"没有一条是符合事实的，忍不住为我辩解了几句，就被打成"保皇派"。哲学系的一些"造反派"要拉她去批斗，她不但不肯去，还和他们讲理，要他们回去好好学一下毛主席的《矛盾论》，分清两类不同性质的矛盾，不要用解决敌我矛盾的办法处理人民内部矛盾。他们认为她太"嚣张"，于当晚聚集到我家门口去围攻她，一直"斗"到午夜以后才散去。第二天，外语系的"造反派"知道后，又派人把她"押"到系里去批斗了一通。那次"批斗"也令她啼笑皆非。因为她一向勤勤恳恳地工作，学生反映极好，和同事的关系也不错，没有什么"把柄"或"劣迹"可"批"，有个年轻教师为了"斗"她，竟从大家学习时的发言记录中找出她在小组会上讲过的几句话来做文章，她一听就觉得好笑，冷冷地回了一句："那是《人民日报》社论里的话。"那位"斗士"尴尬得几乎下不了台，另一个年轻教师赶快上台去把他推走，才给此人解了围。后来，他们还剥夺了她参加群众革命活动的权利，要她每天都到系里去和一批被当作"牛鬼蛇神"的专政对象一起静坐"反省"。

当时，我们的长女纪美正在广雅中学读书，有人写大字报说我到美国留过学，我给大女儿取名为"纪美"就是要"纪念美国"。对于这一条莫须有的"罪名"，我们夫妇感慨万千，怎么也想不到当初决定用"真善美"三个字分别给三个孩子取名竟会招来这样的横祸。最后因顶不住压力，我们夫妇带女儿到派出所改名"纪梅"。这也算是"文革"中的一支小插曲。

　　1968年,"工宣队"进驻学校后,混乱的局面才逐渐好转。但就在"工宣队"进校的当天,还有一些"造反派"趁局势尚未稳定时肆无忌惮地大举抄家,抢劫财物以弥补他们滥搞武斗时遭到的损失。"文革"初期抄家时只是要破"四旧",把他们认为是"四旧"的书物收走,后来却发展到以抄家为名行抢劫之实。这一次,我们家里也被大"抄"了一通,被抢走了刚发的工资和一大批财物。全家的毛毯(共6床)、值钱的服装、新买的衣料、自行车、收音机、手风琴以及夫人收在抽屉里的现金金饰、高级金笔、粮票等都被"抄"走了。我要求他们把刚领到的工资留下时,他们的一个头头马上就凶狠地挥舞皮鞭要打我。夫人急忙拦住我说不要和这些人讲理,这才避免了一顿毒打。

　　同年秋,"五·七干校"兴办,我们夫妇先后都去了干校。当时大儿子纪真在哈尔滨军事工程学院求学,大女儿纪梅也响应"知识青年上山下乡"的号召到海南去务农了,家里只剩下13岁的小儿子和8岁的小女儿。由于他们还没有独立生活的能力,我们夫妇很不放心,只好拜托一位邻居帮忙照应。不久,小女儿进了学校临时开办的一个下放干部幼年子女寄宿班,有专人照管,我们才比较放心。

　　中山大学干校设在粤北的天堂山区,分在三处。据说在全国、全省高等院校的干校中是环境最艰苦的。首先是进山就要翻山越岭,无通车道路。粮食和生活用品必须下山购买,重病号只有抬担架下山。我虽已离开哲学系,但在"文革"开始后仍划归哲学系管。哲学系所在干校的点叫作紫溪洞,是三个点中最远的一个。干校生活一般是白天劳动、夜晚学习(主要是时事政治)、批斗。记不清什么时候起,流行跳"忠字舞",还有"早请示、晚汇报"等仪式。遇有新的"最高指示"要求传达不过夜,即使在风雨之夜,也敲锣打鼓地到山区农民家去传达。干校房屋不够,便自建草棚、茅屋,还养猪、种菜。工宣队要大家做好思想准备,可能将终老于此。但天堂山干校没有多久即迁往英德红桥茶场,原为省里的"模范监狱"。其地势较平,也离广州较近。原监狱太小,便大兴土木,先建临时的草棚,同时建砖瓦结构的宿舍,做长远打算。干校生活与天堂山相比基本上变化不大,劳动内容除了采茶、养猪、种菜之外,另增加了牧羊。"运动"仍继续开展,"内查外调"不用说了,还有新的"创造",如安排邻铺听说梦话等。后来干校迁到英德后便由原来的三个"点"合为一处。我们夫妇不在一起,所在的两个点相距几十里山路。那时我也还没有"解放",仍被当作"牛鬼蛇神",要受"管教队"监督。夫人汪淑钧怕我出事,每到假日就跑几十里山路来看我,见我没事才放心地回到自己的点里。最初由于山路不熟,有一次几乎中途迷路。有些人在背后议论,她也不以为意。

直到1970年年初"形势"好转了,我才不再被当作"批斗对象"。又过了半年多,干校还把一个大茅棚分隔成许多小间,让夫妇同在干校的住在一起。虽然只是一间小室,里面除了竹床、竹桌和竹凳外,别无长物,生活条件比在学校时差远了,但比起最初连见一面都不容易,已是很大的改善,所以我们都很高兴。除了牵挂家里的两个孩子外,在茅屋里的"二人世界"中过惯了,还觉得别有情趣。因为那时每天除了劳动或开会外,已没有别的事,又有膳堂,不用忙做饭,干完活就可以回小室去休息。假日还可以到附近的集市去闲逛,买些可口的食品回茅屋享用。

夏书章夫妇和孩子们(1971年)

"文革"10年,工人不做工,农民不种田,学生不上学、不读书,我们的人才培养就此中断了。后来国际上有反应了,就选几个大学先恢复招生,中山大学便是其中一个。因为中山大学地处广州,毗邻香港,广州作为中国的南大门是人们经香港进出中国内地的必经城市，所以开放就比较早一点。1970年，部分重点高校恢复招生，意味着正常的教学活动即将重新开始，不少在干校劳动的教师分期分批陆续调回学校。夫人汪淑钧因有公共英语教学任务，亦被调回备课。还记得工宣队曾有人宣称，以后办一所大学，只需十几个人就够了，不用那么多教职员工。据说其根据为一个系一个教师，再加个把校长，大学就算办成。从干校调回学校，一般教职员没有什么太多的手续可办，户口还是要迁的（从农村迁回城市）。但对批斗、管教对象有一个宣布解除管教、宣布"解放"的程序。

　　1970年学校开始招收工农兵学员，夫人也被调回学校上课。1971年，我也被宣布"解放"，调回学校恢复工作，不久即担任"教育革命组"（原教务处）副组长，实际上等于"官复原职"。这期间工作很不稳定，仅记得在《中山大学学报》工作过一段时间，主要是负责编辑"社会科学版"相关内容，有时是被外事组安排接待外宾。至于我恢复副教务长职务则是更晚一些。不过，留在家里的两个孩子也平安无事，我们两人的生活就开始恢复正常了。当时虽然恢复招生，但并未恢复入学考试，而是采取推荐的办法推荐工农兵上大学、管大学、改造大学（简称"上管改"），致使学生程度参差不齐，有的悬殊太甚。经过多届实践经验的总结，后来还是恢复了招生考试。这一年，我们的大儿子纪真在中国人民解放军哈尔滨军事工程学院毕业，后又因父亲的"问题"被"降级分配"到贵州山沟里的军工厂去。虽然父亲的所谓"问题"早已被澄清，他也只好面对现实，服从分配，决心到艰苦的环境中去磨炼自己的意志。他初去时是被安排当工人，有些人因为听信了关于他父亲的"传闻"，还经常刁难他。1973年，我们的大女儿纪梅被推荐为工农兵学员从海南回广州上大学，全家本来都为她能成为工农兵学员而感到欣幸。她自己也非常珍惜这个难得的学习机会。可是当她于1976年在华南师范学院（现为华南师范大学）外语系以优异成绩毕业后准备留校时，学院里的"工宣队"竟说她是"知识分子家庭出身"，不能留校工作。于是她就被分回海南的农场，以致所学专业全无用处。直到1979年，由于公共外语教学缺乏师资，经夫人向教研室推荐，她才被调来中山大学工作。

　　可见，一场"风暴"虽然过去了，但我的家人还未能摆脱"左"的阴影。1972年，全广州市的高中毕业生都没有照例"上山下乡"当知青，而是被安排到市内的工厂去当工人。我们的小儿子纪康就得以留在广州。

可是由于工作需要，他一直没有机会上大学。他逐步从以工代干，到在工厂宣传科、办公室工作。高考恢复初期，厂方仍不同意他报考。后来他考入中山大学，反在小其 6 岁的妹妹之后，因为妹妹刚毕业便碰上恢复高考。

1974 年，为庆祝中华人民共和国成立 25 周年，学校成立国庆办公室并任命我为办公室主任，其实为"光杆司令"，具体事务性工作甚多。某次我因急于赶往电影广场，借一位青年干部的自行车代步，但因该车与普通自行车不同，未能适应而跌倒，伤到膝部，缝了几针，好在没有骨折。我这才开始意识到，自己毕竟是已过 55 岁的人了。

总的来说，虽然在当时一片混乱失序的情况下无法讲理，只能逆来顺受，但我们夫妇俩都没有被突如其来的无妄之灾压倒，灰心丧气或者苦闷懊恼，而是处之泰然，静观其变。因为我们相信党，并坚定地认为那种混乱的局面不会长久，总有一天会拨云见日，恢复正常秩序的。

果然，接下来好消息便接连不断。"四人帮"被打倒、拨乱反正、改革开放……等到 1979 年，中美关系正常化后，我参加了中国大学代表团，重访了美国。尤其是踏入哈佛大学的校门时，感慨良多，想不到一别竟是 30 多年。哈佛大学的一些老朋友，一见到我，都惊讶地说："你还活着，我们读香港的报纸，说你畏罪自杀了！"我也哈哈大笑地回应道："我为什么要死啊？"大家都感觉仿佛是闹剧一场。在这又几年后，便是邓小平同志的"补课"号召，来不及在意"文革"间所受的种种屈辱和不快，我便又兴致勃勃地投入学科的建设中去了。

第六节　我还愿做一个摇旗呐喊的"老兵"

改革开放以来，我曾一度为学科恢复重建的工作四处忙碌。直到 20 世纪 90 年代，在学院、学会、刊物、教材还有一些制度机制差不多都得以建立起来，以及一批更年轻的老师开始接下我们手头的工作，学科建设走上轨道之后，我的生活才得以稍有闲暇。不过，鉴于这门学科的发展态势很好，各个地方、各个单位都开始重视起来，虽然我不再像之前那样大江南北地奔波，但很多单位还有一些年轻老师都联系到我，想要我为他们那里的行政学建设、发展提提建议、鼓鼓劲。直到今日，很多学术会议、地方论坛还是会邀我去做一个开幕致辞或者是演说。这些我都一一热情应允。为此，我在中山大学也接受了不少社会媒体、单位的采访，有时还有不少机构、协会、学刊请我写一些贺词或寄语，也是盛情难却。所幸小时候对诗句歌赋有些许认识和兴趣，平时自己外出见闻或临时有所感悟也会即兴手书写作，这些便权当是为中国行政学发展而做的举手之劳吧！

夫人见我年事已高，不能负担过重，就决定尽量减轻我的家务负担和照顾好我的饮食起居，以便让我能保持旺盛的精力，来做好各项工作。好在我们的身体都不错，当时虽然已经是七老八十的人了，但生活还完全能够自理。我和夫人都过惯了简朴的生活，孩子们各自成家后，我们就又回到了当年那样平静安宁的"二人世界"。而在工作上，现在更多时候，我开始回归到了一个普通教师的身份。我对中山大学的学校、学院发展也是很关心的。之前，我在联合国文官制度改革国际研讨会上所得的 1500 美元的顾问费就全部捐给了学校。学院方面，我也一直还有少量的专业方向课，指导博士研究生。虽然我现在的年纪大了，但我还是会经常出来在学校走走，从家走到学院里，距离不远的。有时若偶尔看见学生穿越草坪或是乱丢垃圾等，我也会尽力站出来维护或制止，我认为这不是多管闲事，使人人都懂得爱护校园，这是培养良好校风的一条重要途径。

我们现在进入新时代了，电脑和互联网技术开始在社会上普及，学术界的新知识也层出不穷。我经过考虑和比较，决定选购"联想笔记本电脑"，最主要的原因，是使用和维修轻便，不依赖进口零配件。俗话说，"八十岁学吹鼓手"，看来只要有需要、有兴趣、有条件，90 岁也一样学，学习始终是一件应持续终生的事情。我平时不是去办公室看材料，就是到中山大学附近的学而优书店看新书。这是我的一大爱好，我家客厅里三面墙都摆满了书柜。书挤到桌上，挤到过道的临时书架上还是放不下，就放在地上。我还是坚持"人要活到老、学到老、教到老、干到老"。所以直到现在，我还保持着每周去学院取阅报纸来更新知识的习惯，比如《参考消息》《中国社会科学报》等，从中时时了解我们国家以及行政学如今蓬勃发展的态势，并为之感到高兴，我希望能继续做一个摇旗呐喊的"老兵"！

夏书章与家人春节合影（1999年）

夏书章夫妇和重孙女（2005年）

夏书章和夫人汪淑钧（2009年）

第二部分

经世救国，实干兴邦

第四章　经世致用，上医医国

第一节　我是怎么走上行政学研究道路的

我是怎么走上行政学研究道路的呢？如同我前面所说的，这不是偶然的，而是有来由的，就是时代背景跟时事环境，这有两个阶段。

第一个阶段，是我高中毕业时的专业选择。当时中学是不分文理科的，我的文理科成绩都很好，那时已经是抗战了，一般的学生考大学或者报理工科，掌握技术；或者学经济，因为战争时期，经济吃香。我报考政治专业，老师同学们都大吃一惊，因为以我的条件完全可以考工科。

当时我报志愿，完全是自己的主意。为什么我自作主张？原因由来已久。我是1919年1月20日出生的，即五四运动那一年，当然小时候什么都不懂，可是到了七八岁的时候慢慢懂事了。那时第一件事情就是北伐的军队打到了我们家乡。北伐军来了，旧军阀就兵败如山倒，望风而逃。而且北伐军对老百姓很好，大家都欢迎。长大了以后才知道，这个北伐军队就是孙中山办的黄埔军校培养出来的。我从小就看到，这个国家要有个政治的力量才能兴旺。而当时是什么情况呢？第一次世界大战胜利，中国参加了，但是人家并没有把我们当回事，强权就是公理，谁有强权就是有理，一直到现在，帝国主义还是这样的。

另外，我从小念到高中毕业，读了不少古书，"正心、诚意、修身、齐家、治国、平天下"等观念深入我心。这里面还有一个小插曲，关系不大，但也有影响。我们那个小学很大，不仅教学正规、认真，而且很注重课外实践活动。在小学六年级的时候，我们学校开展了一个很有意思的课外活动，就是模拟市长管理活动，我被选为"小市长"，要管理交通、卫生等事务。通过这个实践，我对国家和社会有了认知。后来我之所以在学术上对"市政学"产生浓厚兴趣，可能与这段经历有关。

还有就是当时国民党政府太腐败了。国家太弱了、太腐败了，所以我们这一代人从小就觉得很压抑，从小就想到国家要改变、要富强。

环境是这样，时代是这样。所以，我们这些 20 岁还不到的年轻人，满腔热血，想的不是将来找个什么样的工作，就想着国家的前途。我们中学的时候是 20 世纪 30 年代，也有奥运会，中国也参加了，可是比赛结果怎样呢？我们的运动员没有得到任何奖项！为什么现在中国参加奥运会，能拿这么多金牌？这是什么道理？是因为国家不一样了，整个国家的体系变了。这就是行政管理、公共管理带来的效果。

周恩来 13 岁的时候，老师问他"你为什么念书啊"，周恩来说："为中华之崛起而读书。"其实我们是一样的，所以我当时选择专业时想的不是什么前途、工资、将来担任什么职务，想的是国家和社会怎么样变革、进步。我很欣赏《国语·晋语》中的一句话，叫"上医医国，其次疾人"。孙中山先生以前学医，后来搞政治，他是从"医人"转为"医国"。国家"有疾"，需要"医治"，最好的"医生"要把国家治理好。民族要复兴，国家要兴旺，就需要"医生"来"医治"国家。经济不解决问题，就想着通过政治来救国。所以，我想的是通过政治来"医国"、齐家、治国、平天下。于是，我当时高考所报的三个志愿便是：第一，国立中央大学（重庆）政治学系；第二，国立西南联合大学（昆明）经济学系；第三，国立交通大学（上海）铁道管理系。

第二个阶段，是大学的时候选择行政学专业。1939 年，由于平时准备充分，考试结果可喜，我被已迁往重庆的国立中央大学录取，入读法学院政治学系。

我在大学的时候是不分专业的。当时系内不分专业，但是在政治这个大学科内，大体上共分三个组作为学生选课的方向，实际上也等于专业。三组主要课程都是共同必修，分组未做硬性规定，选课由系主任和系秘书指导，毕业论文则是专业方向的体现。我认为最实际且比较符合我需求的是行政组。对于行政学、行政法、市政学这些课程，我就特别有兴趣，再加之当年的系主任也是学行政学的，最终促使我选择了行政学。

第二节　课堂上讲讲，文章上写写，不能联系实际，等于闭门造车

　　我 1943 年大学毕业，虽然在重庆近郊某私立女子中学安顿了下来，但心中还有一个大胆的想法：前往行政学的发源地——美国继续深造！当时想到作为学科的行政学，是从美国开始的，加之系主任就是从美国斯坦福大学学成归来的，他讲的课最有名的便是行政效率、民主政治，我对学习行政效率这门课很感兴趣。于是便想着要到美国去一睹究竟，通过读研究生来专门研究这个学科。后来，我就去了哈佛大学，这个前文已经有了交代。

　　后来抗战胜利了，我非常高兴，便赶快回来参加国家建设。跟我同时的还有好多人都回来了。但是，回来以后大家都很泄气，国内开始搞内战了，还管你什么学科，就只是停留在课堂上讲讲、黑板上写写，出不了教室门。这种研究我也曾做过，还在《中央日报》《广州日报》上发表文章[1]。

　　在人事薪酬方面，当年国民党政府行政机构的效率不高，行政管理较为粗糙和草率，在 20 世纪 40 年代出现了一次性大规模裁员的现象。我在《论裁员》中认为，政府裁员应该分批次，而不应一次性大规模裁员，政府寄希望于通过裁员提升行政效率的做法是自欺欺人。行政效率低是多方面的原因造成的，相信或希望单凭裁员就能增进效率的人，若非昧于现实，便是自欺欺人。如果制度不确立、组织不严密、环境和待遇不改良、方法不求进步，以及风气不予转变，则恐怕裁员以后效率反因人手骤减而更加低下。因此，为增进行政效率而寄望于裁员，是行不通的。由于财政

---

[1]　回国后，针对张友渔等学界前人在宪政问题上的讨论，夏书章于 1947 年写下了《宪政实施后之市政机构是否产生分赃制度》一文。他指出，关于"宪政实施后市政机构是否会产生分赃制度"这个问题，一般有三种回答：一是肯定的；二是否定的；三是认为分赃制度不待宪政之来，早已存在。夏书章对三种解释一一做出了分析，并得出以下结论：①分赃制度可能产生，但非必然产生；②分赃制度不应产生，应防止其产生；③无论我国是否存在任何形态的分赃制度，我们不能因其已存在而胡乱纵容、任其滋长，也不能因其不存在而疏于戒备。要谨小慎微，勿开分赃制度之先例。到 1949 年临近中华人民共和国成立之时，夏书章又撰文《官僚制度与民主政治》讨论了"官僚"与"民主"两者之间的理论关系，告诫实践界必须小心官僚风气对民主政治的侵蚀破坏。

夏书章重回哈佛大学（左为林少宫、中为张培刚）（1981年）

困难而进行的裁员会导致行政效率低下，所以，裁员应遵循分期渐减的原则。同时，作为当时不合理的教师薪酬体系的受害者，我又在《公教人员待遇问题》一文中为所有教师呼吁：公教人员待遇在新方案实施后进一步下降，在物价飞涨的情况下，公教人员的待遇不足以支撑自己的生活，公教人员的待遇调整是当务之急。生活贫困清苦、工作效率低下等情况需要提高薪酬来应对，而财政又有这样的能力应对，主观上需要、客观上可以的事情为什么不去做？在《待遇改善从何说起》一文中，我又表达过贪污不法者生活水平高，但是教师却生活水平低，大学教师待遇差、薪资低不仅会影响到教师的教学，还会影响到学生的学习，在这种情况下，大学教育水平便得不到提高的观点。我认为，美国在教师待遇方面做得很好，政府应当借鉴，同时需要从法案、有关部门和企业入手处理贪污问题，同时提高教师待遇。

当时我在殷体扬先生于上海主办的《市政评论》上面也发表了很多

文章，① 主要谈行政效率、谈人事管理、谈城市管理。比如，讲美国的城市管理、西班牙的城市管理等。比如我在《战后西班牙之市政建设》一文中，介绍了西班牙内战后的都市重建情况，中国借鉴经验时应当注意四点：①西班牙是内战，我们是抗战抵抗侵略，战争后的维持已很困难，都市建设还需要更多的时间来开启；②因人力物力有限，建议中央政府设立专门机构；③重视农村建设；④不要再有政治和军事层面的摧毁。

这些文章我都发表了，但没有人重视。国民党统治时代，你讲你的，也只能是课堂上讲讲、文章上写写、教室里谈谈，不能联系实际，因为政府根本就不重视②。表面上看，民国时期的行政学研究可谓相当"热闹"，呈现出了刊物多、文章多、作者多的特征。但是，在总体上和整个时期内，有一个严重的问题，那就是理论几乎完全脱离实际，"思想"只停留在口头上、文字上、课堂上，没有也无法落到实处。"思想"虽有"发展"，行动依然故我，甚至变本加厉。我认为，这应当这是民国时期的一大教训。

我举一个例子，大家就知道在旧社会这个学科就是空谈的、没有实际意义。当时，重庆出现了两个学会，一个"中国行政学会"，一个"中国行政学学会"。中国行政学会多是政府机关高级行政人员、留学生等，是

---

① 夏书章于1947年和1948年分别发表了两篇文章阐述自己在城市建设和管理方面的观点。在《论公共秩序与都市建设》一文中，他认为治安问题只是公共秩序的一方面，并进一步指出公共秩序可以分为车站码头秩序、市区交通秩序、娱乐场所秩序、公用事业秩序、金融物价秩序、工商企业秩序、一般社会秩序这七类。而要使公共秩序进入常态，一方面需要政府加强管制，另一方面则要普及国民教育。他总结道："我们需要一个建筑在法治基础上的政府，需要具有法治精神的人民。两相配合，则公共秩序自能建立，一切建设工作便容易着手与展开。"而在《市政建设的基本措施》一文中，夏书章指出，成功的市政建设，不但需要健全的市政机构和制度，还需要优秀的市政工作者和合理的建设步骤，归根到底有赖于人民发挥人的知能，从而有所主张、行动、监督与合作。但夏书章也很明确地指出，对于民主政治刚刚起步的我国而言，要让人发挥知能，就要积极从教育着手。他如此写道："由于过去教育不普及，人民普遍的愚昧，如公共卫生运动，即事倍功半。一般公民道德的缺乏，都直接或间接影响到市政建设。所以市政建设基本措施，我们根据以上的分析，归纳得到一点，就是教育事业加强发展。"

② 非常可惜的是，夏书章自己收藏的中华人民共和国成立前发表文章的全部存底和完整目录已在"文革"中散失。根据迄今可查的文献来看，夏书章曾在归国后至中华人民共和国成立前，以青年教师和社会知识分子的身份在报纸杂志上发表文章共计11篇，其主要涵盖了政治改革、人事薪酬、市政建设三大方面的内容。这事实上也与当时的社会形势环境相吻合，在抗战胜利后，人们开始对国民政府的未来发展有了新的憧憬和希望，包括实现民主宪政、提升政府效率、开展战后重建等。

撑面子、挂招牌的,他们根本就不会把学科的理论搬到实践中去,好像俱乐部似的。而中国行政学学会,是一些教授搞起来的。两个学会"研究实务"和"纯粹学术"的各自标榜,显然把理论和实践截然分开了,两者可以说是在"唱对台戏"。因此,发展到后面,这些学会完全只为了撑面子、挂招牌,沦落为"有台无戏",根本就没有想过把学科的理论搬到实践中去。

当时的官方也有不少装点门面之举,但其实都言行不一。这在行政效率问题上表现得最为突出。说得非常热闹,做得冷冷清清,一切还是老样子。从资本主义国家学来的那一套政治学和行政学技术在碰到一个特定政权时就根本没办法了。所以,中华人民共和国成立前我写了不少文章,但写了也没什么用,虽然好多报纸都登了我的文章,现在还有人拿出来,特别是市政管理、城市管理,但现在看起来意义不大,无非是对牛弹琴、与虎谋皮。

夏书章参加在厦门大学举行的全国高校政治学系系主任联席会(1989年)

第五章 学科调整，纳闷三十年

第一节 做一行精一行，探索与中国国情融合

1952年，全国高校进行院系调整。当时安排怎么调整就怎么调整了，也没什么道理可言，因为没有明确讲明什么原则。大概是开始学苏联"老大哥"，因为中国搞社会主义没有经验，因此就请了好多苏联的顾问。后来大家才知道，这些顾问对我国的实际情况并不了解，而且苏联也没有多少经验。此次院系调整，估计是他们出的主意，我们照搬就是了。

当时强调学习苏联可以理解，但笼统地要求"一边倒"，即不仅在政治方面，而且无限扩大到绝对化的地步，这就不免发生机械照搬之类的事，此举不符合马列主义原则，也非高层领导本意。对友好专家应予尊重团结，但不能不允许表达不同意见。当时的专家还将欧洲中世纪既已有之的课堂讨论（seminar）和口试说成是社会主义的苏联才有的，硬要仿照苏联实行排课"六时一贯制"，结果行不通；同时，还提出"扫除俄文文盲"的口号，师生都要学。在高等教育体制、学科分类、教学方法等方面，依样画葫芦的例子不一而足。其中有的"原型"早已变化，而模仿者却迟迟未能跳出老框框。像本科专业设置过细、口径过窄、过分强调专业对口等，都可以看到深受其影响的痕迹。

苏联那些教育体制大多是欧洲老一套，没有进行多少改变。欧洲的老一套就是文理科为主，其他工农医师这些学院，不属于大学的范畴。可是后来英美的大学涵盖的学科范围扩大，即文、理、法、师、工、农、医在一起。我国进行的院系调整，基本是老欧洲那一套，也即苏联那一套——保留了文理科，其他的学科分出去了。不然，现在的华南农业大学就是中山大学的农学院，华南理工大学就是中山大学的工学院，华南师范大学就是中山大学的教育学院。"古为今用""洋为中用"的原则应当毫无疑问地坚持。只有力求通今博古、学贯中西，才能避免出现食古不化、食洋不

化。在学术问题、科学事业上学有专精不等于独沽一味，而应兼收并蓄、博采众长、不断创新。

经过学科调整，原来学科齐全、阵容鼎盛的中山大学，全校学生只剩下不到 1000 人。一个说法是沿海怕打仗，备战备荒为人民，所以经费也少了，就搬进了岭南大学。被撤销学科的相应课程没有了，院系调整后又成立了政法学院、财经学院，但原法学院撤销了，原政治学系、社会学系取消，法律与经济学系分别调到中南政法学院、中南财经学院或武汉大学。我原来是属于法学院政治学系的，法学院撤销了，我的课程当然也没有了。本来我应该到武汉去的，因为我是政治系的，属于政法方面，当时武汉大学还保留了一个法律系，另外还有一个中南政法学院。但是中山大学新来的校长不放，因为当时的我还年轻，学习马列主义很积极。院系调整前，我所担任课程的教学已经结束，于是校领导安排我担任马列主义基础课程的教师并兼任教研室副主任，负责教授政治课、社会发展史、新民主主义论、中国共产党史等。

在这段时间内，行政学取消了，虽然被迫"改行"，但我力求做一行精一行。这一段时间我搞的马克思主义理论、哲学、伦理学这些内容，①虽然不是典型的行政学研究，但这一段经历对我有很大帮助，即在后来的学术研究中指导思想比较明确，也加强了观察、思考、分析问题的能力，时间没有白费。

一方面，当时教中国共产党的基本理论，对我还是有很大帮助的，这对我来说其实是一个学习的好机会，所以我一边教一边学，学习基础理论、世界观，就这样持续了好多年。正是通过这一段时间对马克思主义理论的学习研究，自己才深刻认识到推动行政学中国化的巨大意义和途径。因为任何一个应用学科在中国，立足点就应该在中国，要本土化、要联系

---

① 1954 年，夏书章与夫人汪淑钧合译了俄文著作《列宁斯大林为马列主义政党的理论基础而作的斗争（1908—1912）》，1957 年他们合译了俄文著作《1917—1920 年间美国争夺世界霸权计划的失败》和《美国在远东战争策源地形成中的积极作用》。除了译著之外，夏书章还关心实践变化、积极思考，发表了多篇文章，如《科学态度与负责精神的典范——〈新民主主义论〉发表 20 周年》《正确对待革命群众运动》《学习、学习、再学习　团结、团结、再团结——〈关于正确处理人民内部矛盾的问题〉出版四周年》《列宁关于辛亥革命的科学预见》《略论功利主义的阶级性——重读〈在延安文艺座谈会上的讲话〉》《阶级与道德——兼评刘节先生〈怎样研究历史才能为当前政治服务〉》《略论伦理思想领域的阶级斗争》《珍贵的遗产　深刻的启示——带着道德继承问题学〈王杰日记〉》等。

实际。美国那一套，我们可以参考，但是不能照搬。所以我的《行政管理学》一书的绪论里面就讲到这个问题，即要跟着中国特色社会主义，建立中国特色社会主义的行政学。现在的行政管理、MPA（公共管理硕士）要着重向中国靠拢。过去说中国要崩溃、要垮台，现在看来根本不是这样。中国为什么在这个短短的时间内能变成世界第二大经济体？为什么那么和谐、那么稳定？不管人们怎么说，谁来找答案，都离不开一条——中国共产党是怎样治理中国的。如果中国共产党没有领导好，哪有今天的成果？

第二节 "我们社会主义不搞行政管理吗"

马列主义当然对我很有用，因为这是基础、指导思想，对后来的发展很有帮助；但另外一方面，我当时心里就有点纳闷，为什么这些学科没有了？我们社会主义难道不搞行政管理吗？资本主义有行政学，我们社会主义不应该有行政学吗？我当时都已经准备好了《新市政学》的书稿在人民出版社出版，没想到行政学科一下子被取消了，这个系都没有了，更没有课了。但我心里念念不忘，我想，苏联没有，中国不能也没有啊。苏联确实没有政治学、行政学，而那时在教育部的一些苏联专家，他们讲的话，无论对不对，都要听他们的。这样适合中国吗？

其实，这期间我还发表了一系列行政学方面的文章。例如，我曾在《政法研究》刊物上发表过关于应重视行政法研究的建议。1949年的《中国人民政治协商会议共同纲领》、1954年的《中华人民共和国宪法》表明，中国重视法制建设，革命政权需要法制才能长治久安、政通人和。与此同时，我接触到了苏联行政法方面的有关资料，深感在社会主义条件下，依法行政很有必要。当时，我们在法律科学方面的研究力量是相当薄弱的。在中国科学院的系统中，法学研究所虽然已在规划，但还没有建立。而在全国各个重要的综合大学里，设置了法学专业的，也只是少数。已有的政法院校与这些法学专业一起，仅说数量，就远不能满足当时6亿多人口的社会主义大国的需要。

我们这个学科，当时叫行政学，后来叫行政管理，现在叫公共管理。不过，"管理"（administration）已经不再流行了，现在是governance，叫作"治理"。这个governance翻译成"治理"，在中文来讲更贴切。因为在中国，这个政治，讲究治，治，即治病救人、解决问题，更为主动积极。所以，其时代内涵演化为治理、治国理政。所以，现在我们讲公共治理、国家治理、社会治理、地方治理。总的来说，治国理政依旧是非常热门的。自古以来，古今中外，任何一个国家、地区、民族，它的发展情况如何，它的盛衰成败，皆有源可循。最后，大家殊途同归得到一个共同的结论——是治国理政的问题。现在回过头我们再看一看、想一想，很多历史都和我们这个学科有关。当时中国共产党的队伍武器如此匮乏，却能够打败蒋介石，原因在哪里？就在于这个革命的队伍，保持得好、训练得好、开展得好，所以才能以弱胜强、以少胜多。长征那个时候是很危险的，但最后还是于1936年到了延安，并且历尽艰辛于1949年成立中华人民共和国。才13年那么短的时间，力量变化就如此悬殊，为什么？根源就在于中国共产党是怎么治理的、怎么对待人民群众的，以及人民群众为什么拥护共产党。所以，同样的情况出现在今天，我们更要理解。比如中国和平崛起，全世界都很震惊。之前有的国家说我们不民主，一定会崩溃、一定会怎么样。但中国不但没有崩溃，而且社会发展还蒸蒸日上，这是什么道理？就在于"治理"这两个字太重要了。全世界都在注意找理由、找原因，找到最后就是"治理"。这就是我们这行。

因此，治理不是一个很狭隘、很具体的单纯的技术问题，这是学科要研究的大问题。当然，这个学科在国民党的时代已经有了。但当时我们只是在课堂上讲讲、黑板上写写，无法实践，因为当时的反动统治根本就不理会这一套。所以我们这个学科，要关注中国实际。现在大家很容易犯的一个毛病就是照搬。这个学科，美国怎么讲的，日本怎么讲的，英国怎么讲的，教材多得很，讲起来头头是道。但中国怎么走的，中国能不能对上号，中国是怎么样发展起来的，这个是大问题。我们真正的从本土化角度认真研究这个学科，是20世纪80年代以后。我1982年在报纸上发表的那篇文章①，便引起了积极反应。

---

① 即《把行政学研究提上日程是时候了》一文。

第六章　把行政学的研究提上日程是时候了

第一节　学科都要补课

邓小平同志最了不起，他 1979 年就讲了"政治学、社会学、法学、国际政治学科都要补课"这句话，大家都知道，这是因为过去不够重视，所以要补。这个消息发表以后，我们很开心，因为已经等待 30 年了。得缘于这样的历史机遇，相关学科也立刻开始投入紧锣密鼓的重建筹备工作。在邓小平同志发出"补课"指示的次年，政治学界便开始筹备中国政治学会。1980 年 5 月 12 日，我在北京参加中国政治学会筹备会期间，有 10 个人联名上书中央，给当时的中央领导写了一封信，要求恢复政治学这个专业，并希望在基础比较好的大学恢复政系。1980 年年底，中国政治学会成立。所以，我这辈子真正开始搞学术研究是在 60 岁以后。

全国行政管理学教学研究会第二届会员代表大会暨第四届年会（1991 年）

政治学专业的恢复工作已经如火如荼地展开，但是，当时作为政治学研究下设一个方向的行政学建设却依然滞后。正是在这样的情况下，1982年1月29日我写了题为《把行政学的研究提上日程是时候了》的文章，发表在《人民日报》上。我认为，要搞现代化建设，就必须建立和健全现代化管理（包括行政管理）和实行社会主义法治（包括行政立法），我们需要建立社会主义的行政学和行政法学。自此之后，我又趁热打铁地在《文汇报》《光明日报》上继续发表相应文章：提出必须在行政管理领域拨乱反正，我国的行政管理和行政学应当有中国特色，作为一门应用性极强的学科，有必要深刻地了解国情，使理论密切联系实际；对西方的理论批判吸收，不是名称的问题，只要能为国家建设服务，都可以借鉴吸收；必须把有限而分散的人力物力集中使用，尽快建立具有中国特色的学科，为此，要培养专业管理人才、在普通高校内设置行政管理专业、开展行政学研究、出版刊物等。

《把行政学的研究提上日程是时候了》发表30周年纪念（2012年）

第六章　把行政学的研究提上日程是时候了

中国行政学自 1952 年院系调整后便被取消，相应的，师资人才不断流失、学术研究也宣告停止。因此，关于学科恢复的问题千头万绪。当然，作为一个到 20 世纪 80 年代为止已停了差不多 30 年的学科，恢复起来肯定不容易。所以，后来的那段时间可以说是我学术生涯最忙碌的阶段了。

1982 年以后，先有政治学专业，后来就有行政管理专业，然后到公共管理专业，这是基本脉络。在这其中，一些大型的、重要的学术活动包括：1982 年 4 月，中国政治学会委托复旦大学举办全国政治学短训班，将各地有兴趣、有条件的学者选入该班。我也应邀赶赴复旦大学，在短训班上讲授行政学专题。1982 年 10 月 4 日，教育部委托华中师范学院（今华中师范大学）举办中南地区高等院校干部培训班，邀请我讲授高等学校管理学。1982 年 11 月，我应邀在高校干部进修班［教育部委托华中师范学院举办的（中南地区）］、全国医科院校校长研讨班（卫生部委托中山医学院主办的）、高校教学管理班（广东省高等教育局委托华南师范大学主办的）、中南矿冶学院干部培训班等讲授高等教育管理学、教学管理等专题。随后还分别在中南（华中师范学院）、西南（西南师范学院）、西北（陕西师范大学）、东北（东北师范大学）、华北（北京师范大学）、华东（华东师范大学）、江西（江西师范大学）、浙江（杭州大学）等培训班上讲过相同内容。1982 年 12 月我还在武汉大学经济系、经济管理系讲授人事管理。1984 年，我受中国共产党中央委员会组织部（以下简称"中组部"）、劳动人事部的邀请，再度进京并讲授行政（人事）管理的内容。1984 年 6 月，又在由城乡建设环保部、中组部、中国科协联合举办的市长研究班为市长讲授"市政管理"专题。1984 年 8 月 20 日，我再次受国务院办公厅、劳动人事部的邀请，在"行政管理研讨会"上做《关于开展行政管理学研究的一些粗浅认识》的发言。我提出："不能什么事都和资本主义对着干，认为资本主义国家有政治学和行政学，我们就取消。难道我们就不能有马克思主义的政治学和社会主义的行政管理学？"

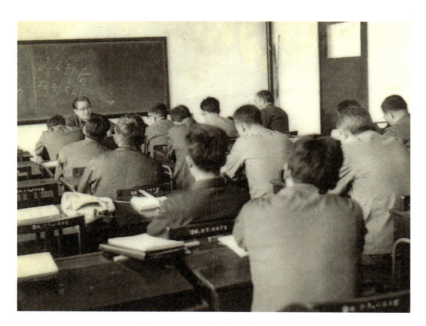

夏书章在杭州大学进修班授课（1983 年）

夏书章在合肥的全国信息交流开发讲习班讲课（1984 年）

第二节　把行政管理学的研究引向深入是时候了

国家对行政管理学科非常重视，在邓小平同志的倡导下，当时的人事部、国务院办公厅等有关部门非常积极配合创办杂志与学会的工作。1985年4月，国务院办公厅下达了关于成立中国行政管理学会筹备组的通知。到了7月，中华人民共和国成立后第一本研究行政管理的专业刊物《中国行政管理》顺利创刊。学会的主管单位是国务院办公厅，所以对于学会的正式成立，非常郑重其事，而不只是简单地宣布成立。经过多次筹备会议以后，决定以试办的《中国行政管理》杂志一马当先去"开路探路"，待时机成熟，学会再挂牌出台。原因在于，我们要先筑起一座平台听取大家的呼声和意见，以此作为学会即将开展工作的参考。

经过一段时间的努力，行政学教育的复办逐步走上了正轨。1986年，国家教育委员会首先在普通高等学校中批准了兴办行政管理四年制本科专业，同年，武汉大学开始在已有的政治学硕士点中招行政管理方向的研究生。南京大学、厦门大学的政治学习得以恢复，中国人民大学的行政管理研究所也得以创建。1987年，南京大学与中山大学开始了行政学专业的招生。1983年，中山大学成立了政治学专业筹备小组，当时的条件十分艰苦，没有经费、编制、办公地点，筹备小组的会议就在我家的客厅里举行。经过努力，中山大学政治学与行政学专业终于在1987年得以复办，并于次年正式成立政治学与行政学系。1990年以后，一些学校的政治学系学习北京大学和中山大学的模式，纷纷改名为政治学与行政学系。

1988年，鉴于学科发展势头比较顺利，我又写了一篇《把行政管理学的研究引向深入是时候了》的文章，与1982年刊登于《人民日报》的《把行政学的研究提上日程是时候了》的文章遥相呼应。1988年，全国性的中国行政管理学会终于在10月13日正式成立，我当选为副会长，并连任三届。后来，我也到全国很多省份主讲人事管理、行政管理等的培训讲座。随后，国家设立了国家行政学院，和中央党校分开。后来，省级层面也都设立有行政学院，有些省份实行党校与行政学院"一个机构，两块牌子"的模式，差不多每个省份都有行政学期刊，国家层面则有《中国行政管理》期刊。

第七章 我从来都讲"学以致用"

第一节 引进学科特别是应用学科，一定不要忘记国情

现在，行政管理（公共管理）学科已经在快速发展的轨道上了。公共管理学科要很好地发挥作用，就不要忘记它是应用学科，要讲此时此地、具体情况怎么样，要讲实际效果。公共管理理论怎么结合实际，怎么本土化，以免"水土不服"或"消化不良"是个大问题。理论和实践如何统一，不能想当然。我们是应用学科，讲究怎么用、什么时候用、在什么地方用、为什么用、要达到什么目的等。教条主义照搬照抄，那是最容易也是最糟糕的事。

这里最大的一个问题就是不要忘记国情，不要陷入认识误区，认为我们学科没有理论，把西方的搬来才叫理论。甚至连马克思主义这种适用性如此广泛的理论，都不能照搬。中国将马列主义本土化后，才取得了一系列革命和建设的伟大胜利。毛泽东思想、邓小平理论、"三个代表"重要思想、科学发展观、习近平新时代中国特色社会主义思想等，都是从中国的实际出发，针对中国国情不断创新并获得实践验证和一脉相承的理论成果。国外有很多人现在慢慢看懂了，"十月革命"一声炮响送来了马列主义，没错，但问题是不能照搬，俄国革命在城市武装起义后向全国推进，中国照搬的结果是失败了，后来用农村包围城市的办法才对。公共管理不本土化行吗？为国家服务，就要建设中国特色社会主义的公共管理学。

现在学术界存在很大的问题，如博士论文不引用或甚少涉及马列主义、毛泽东思想之类的内容，这很难理解，好像洋理论（马列主义以外）才是或才算理论，本土的就不是或不算理论。我们有诸子百家，外国也有孙子兵法学派。他们把全世界各国的经典都研究了，发现没有哪个国家的经典讲了管理问题，最后发现《孙子兵法》的内容是讲打仗的，但也可以用于管理。西方出现了孙子兵法管理学派，但我们没当回事。中国人民

大学的一个韩国学者（李文永），就写了《〈论语〉、〈孟子〉和行政学》。传统文化的东西，我们自己不重视，人家却讲得很起劲，现在哈佛大学讲得最热的是《孟子》《论语》。我们很多人崇洋崇得很厉害，这里不是不要学洋，而是要洋为中用，要建设中国特色社会主义，光讲外国的一套能行吗？

《习近平谈治国理政》一定要看，因为中国只有理论联系实际才有今天。回想当年，我就是中国特色社会主义派。什么叫中国特色社会义道路自信、理论自信、制度自信、文化自信，这个离不开公共管理，现在叫作治理——治国理政。我们这个学科是引进来的，基本理论是从国外来的。但其实，国外那套学说和理论也离不开他们的国情，英国有英国的国情，法国有法国的国情，它不是为中国编的，那么，我们就应该懂得要发展自己的理论。

中国的汉字，妙就妙在这里，在外国，讲政治是要分开的，political science 叫作政治学，public administration 是公共行政；而在中国，政治是政离不开治，治离不开政。政治，要讲"治"，"政"如果不能带来"治"的话，这个"政"就是空的；"治"如果没有一定的"政"来指导，原则就没有办法来表现。"行政是行的什么政"，这一点在普通学科里是不怎么讲的，我们这里却非讲不可，我们的回答很简单、很具体，行的是建设中国特色社会主义之政，毫不含糊！专业专的是为人民服务，当社会公仆的专业。

美国的说法主要根据美国的情况来，英国的说法是对于英国来讲的。中国引进来只能是参考、借鉴，不能忘记我们的立足点、我们的国情在哪里，现在有些人可能还没有想明白这一点。中国现在发展起来了，国际地位提高了，成为世界第二大经济体了，在诸多领域拿到了第一，这是怎么来的？如果国家的治理一塌糊涂，能有今天的辉煌成就吗？由此可见，我们这个专业的生命力很强。

毛泽东同志在世的时候，美国总统的办公桌上放的是《毛泽东选集》，说明别人也在研究中国。行政学的研究离不开对国家领导人怎样治国理政、各地政府怎样运转的探讨。所以，现在讲公共管理、国家治理、社会管理，这都是行政学的范畴，广义的公共管理。公共管理少不了政府管理，但单靠政府管理不行，管不了、管不好。这是邓小平同志的书里都有的，如果我们对自己的东西不重视，研究水平是上不去的，学术根基是不牢的。

  外国人都在研究中国为什么能够干大事、变化得这么快。一个五年规划又一个五年规划，现在已是第十三个五年规划了，试问哪个国家能办得到？他们不敢有这样的规划，他们只管选票，只管什么时候能够保持自己的四年总统任期、再能够连任。中国共产党从1921年成立到1949年建立中华人民共和国，才二十几年，毛泽东同志都没想到，好多人都没想到，会在这么短的时间内成立中华人民共和国。毛泽东同志在天安门城楼上讲中国人民站起来了，但这还不够，中间有一些曲折。后来直到邓小平时期以后，中国人民才不但站起来了，而且站得很稳，能够面向世界。所以说，毛泽东同志和邓小平同志的治国理政是有水平的。而现在到了新时代，我们更要强大起来。

  现在别国的一些经验，我们可以拿来借鉴，中国历史上的一些好的经验也可以拿来借鉴。我们不是一下子走过来的，我们也经历过摸索的阶段。没有共产党就没有新中国。那我们中国就总结出来了"四个自信"——其中一个，道路自信，中国不能走资本主义道路，要走社会主义道路。这个社会主义是根据中国具体的国情讲的。

  中国取得的成就是全世界有目共睹的，不是自己说的。总之到现在，我说"我是见证人"这句话也可以，因为我快100岁了，全部看到了。我这辈子已经过了三个30年：1919年到1949年，从1919年我出生到1949年，中华人民共和国成立；1949年到1979年，中国没有经验，怎么样建设、怎么样搞，有缺点、有错误，比方说"文革"，这个东西是难免的，已经过去了；1979年到2009年，又一个30年。

  共产党员要像个共产党员，"两学一做"不是空话，要把党章、党的规矩、纪律好好学一学。中国的经验是全世界睁大眼睛看着的，中国为什么这样？如果我们在跟外国人介绍的时候，都只能讲出一些他们已经发现的东西，他们哪里会有什么兴趣？如果中国的治理成就他们都看到了，我们没看到就很不好意思了吧。学习中国共产党的基本理论对于后来我的课程有很大的帮助。什么意思呢？就是任何一个应用学科在中国，立足点就应该在中国，要本土化、要联系实际。美国那一套，我们可以参考，但是不能照搬，要建立中国特色社会主义的行政学。行政管理学也好、MPA也好，这些课程要着重向中国靠拢。

美国康涅狄格学院（Connecticut College）校长与夏书章见面（1980年）

美国政府青年官员代表团到夏书章家访问（1988年）

现在全世界慢慢看清楚了，过去说中国要崩溃、要垮台等，现在看根本不对了，中国为什么能在短短的时间内变成世界第二大经济体，为什么那么和谐、那么稳定，他们现在来找答案了。不管谁来找答案，从头至尾离不开一条——中国共产党是怎样治理中国的。

这些问题就是我们这个学科面临的问题。现在我们大学里的学科研究和发展很容易犯的毛病就是照搬。这个学科，美国怎么讲的、日本怎么讲的、英国怎么讲的，这种教材多得很，讲起来头头是道。但中国怎么走的，中国能不能与之对应，中国怎样发展起来的，这个是大问题。所以我说，不要因为我们这个学科类似于管理学科就认为与马克思主义基础理论没有关系，这个观点是错的。过去我们讲国外的文官中立，真正能中立吗？文官中立，不问政治，可能吗？总统的政策能不执行吗？所以有些东西只是说得很好听。道路自信，这是走了弯路，总结提高，是走着中国特色社会主义道路才慢慢出来的。理论自信，中国的一套如果还是教条主义的做法，这个理论就无从谈起。制度自信，总有外国人攻击我们，说不民主什么的，但我们有人大、政协、民主协商、统一战线。文化自信，中国的传统文化里面，有很多因素，比如说以德治国、国泰民安。

现在全国有这个专业的学校有一两百个，为什么这个学科变成了热门呢？这里面就很复杂了，当然有赶潮流的，但是，如果不是因为这个背景的话，这是不可能的。现在来看，我们这个行政院校恐怕全国没有旁的学科能比了，每个省都有，有的县级市都有了。期刊、书籍我没有统计过。教科书就不用说了，除了我们编的，还有一系列其他作者的著作，后来我们建设专业教育 MPA 的时候，又编著了好多套教材。这就说明，这个学科的发展一直都是热门的。

为什么一定要把这个学科发展起来呢？是为了培养得力的干部，同时特别要强调治理。因此，我们有两点一定要有共识：一个就是要对马克思主义的基础理论要有正确认识。不能认为领导人的意见只是政治，跟我们的学科没有关系，这是错误的。从毛泽东思想、邓小平理论这些一路下来都是我们要能够掌握的。另一个就是中国的本土化问题，不能再停留在照搬西方那一套的经验层面上。对于西方的东西，我们要知道并懂得分析批判、吸收它的一些成功经验。但更重要的是，我们有没有自己的一套。中国是一个大国，取得这么大的成就，而且取得现在国际上的地位，说到底，是由于治理能力在增强。那么，你总得说出个道理来吧。以后谈这

夏书章在 EROPA 14 东部地区公共管理大会上发言（1991 年）

个，讲起来还是美国那一套，或者英国那一套，人家就觉得很奇怪了。所以 20 世纪 80 年代我在美国讲学的时候，那些学生开始听着不大带劲儿。我就说中国的这个现代化，不是美国化，不是日本化，而是有中国特色的，他们立刻就被吸引了。如果还讲美国那一套，人家是不当回事的。当然，我们不是为了吸引他们的注意力，而是说应该如此。现在我们应该把这些讲出来。如果不够重视的话，那就要补课。

坚持建设和发展中国特色社会主义行政管理学。我们不是凭空地、抽象地研究这门应用学科，而是理论密切结合实际，切实做到学以致用，根据国情为社会主义现代化服务。中国的行政学已经走过了 30 年，现在新的 30 年又开始了，我们仍在继续前进。30 年前中国的情况和现在不同，现在要面对的问题更多，因此也需要更多的优秀人才。关于学科发展，我们也需要有更多新的考虑。学科发展流派纷呈、百花齐放、百家争鸣，恰恰是学术繁荣的表现，值得大力提倡。在国际化与本土化的关系上，有一个经验要注意。以前我们只是专注于和西方对着干，这种想法过于简单了。我们这个学科既需要吸收借鉴人类政治文明中所有进步的东西，也需要牢牢记住我们在建设的是中国特色社会主义。中国要建设创新型的国家，因此我们这个学科也需要是创新型的，需要创新型的优秀人才，进行创新型的教学和科研。我们的学科体制、教育体制都需要改革，如果保守的话，就会产生不利影响。我们这个学科属于应用学科，一定要读书，但不能成为书呆子，理论联系实际、学以致用的功底很重要。

我们追求的民主是什么样的民主？我们有人民代表大会，各族人民都有代表。同时我们的发展对全世界人民有利，不会去欺侮和压迫别人，追求的是平等互利、合作共赢。我在美国任教给学生讲课时，讲到有的少数民族人数很少也有一个全国人大代表，他们很惊讶，因为美国实行的是比例代表制。我曾强调，中国的现代化不是美国化、苏联化、日本化之类，而是有中国自己特色的符合国情的现代化。

第二节　我们搞这个专业，真的是眼观六路、耳听八方

国外有公共管理这个学科，这个是有学问的，我们也应该成立这样一个学科。有些人不当回事的，认为行政学没有什么可以讲的，就是办公。其实，公共管理里面讲的主题对我们有启发，它里面学派很多，有很多说法，最普遍的一个说法就是"POSDCORB"，七要素，八个字母。P 是 policy。他们有他们的政策，我们有我们的政策。过去比较"左"的政策，说我们是与资本主义相对的，其实相对的是实质不是形式。资本主义有银行我们也有银行，我们不叫银行叫什么？O 是 organization，他们有行政组织，我们也有行政组织。可他们的组织和我们的组织是不是一样呢？我们应该按照我们的原则。S 很重要，是 staff，就是干部、人员。人员怎么来？中国最传统的就是科举、考试。现在，我们有自己的人才选拔机制和办法。D 是 directing，他们有他们的领导，我们当然有我们的领导。CO 是 coordinating。我们最讲协调，不协调事情难办，什么事情都搞不好。R 是 reporting，就是要总结经验。B 是 budget，就是钱怎么花，钱怎么来。

我们要实事求是，把每个因素都考虑到。一是目标、环境（形势）。道路，这是肯定的；理论，我们现在的理论慢慢总结出来了。你研究行政学，不研究环境、形势就没办法跟得上了。环境形势即两个大局，国内和国际两个大局，就是整个环境形势。二是制度，我们是全国人民代表大会、全国政治协商会议制度，跟他们那个"三权分立"不一样。三是文

化。行政行政,所行何政呢?美国有美国的行政,我们有我们的行政。行政就是把政治化成行动。我们的行政是行中国特色社会主义之政,这一条应该是非常明确的。

公共管理就是治国理政,这不是一个简单的小问题,如果没有广博的知识做基础的话,那是不行的,要求应该是更广,因为治理这个问题太广了。如果是从内容来讲,不光是包括政治,经济、社会、文化、军事、外交都包括在内。这个学科的覆盖面是非常广泛的,不要把它看得太狭隘。现在我们一般把行政管理看得很狭窄。广义的不光是政府管理,还有非政府的管理、社会管理,都是我们这个学科的,政治、经济、社会、文化、军事、外交都包括在内。所以我们的基础课程,包括社会学、政治学、经济学。因此,我们搞这行专业,理论、实际,真的是需要眼观六路、耳听八方。治理面向的是古今中外、四面八方,知识要丰富,注意力要集中。

改革开放后,随着政治学的重新确立与行政改革的需要,出现了一种新的情况,即比较多地使用"行政管理学"这个名称,有时也可以见到"公共行政学""公共管理学"等,于是,接触这门学科的人遂有上述名称是否与行政学是一回事,或者究竟有何异同之虑。大约在近十几年以来,对于行政学、行政管理学等名称的使用,存在较大的随意性,因强调管理的重要性而以行政管理学取代行政学,曾一度成为时尚。尽管如此,对学科名称的讨论不妨由表及里、从名到实看得深刻些,这将对建设有中国特色社会主义行政学科体系和开展行政改革不无理论和实际意义。有一点可以肯定,行政学原是政治学的分支学科,学科间的交叉渗透是共同发展趋势,它与管理学的关系便日趋密切。

行政科学发展的基本特

夏书章在从教 70 周年大会上讲话(2018 年)

点在于应用性很强，必须注重其可行性、可操作性，忌发空议论，务求廉洁高效。进一步而言，这要求我们根据新的实践经验，对本学科的理论、方法、地位、作用，进行再思考、再认识；对各家各派的学说应当取各家之长并通过实践检验；方法要更新，要加强计量方法，行之有效的案例法等仍可发展。因本学科发展事关国计民生，如何引导、服务、调控，不可不慎。另外，本学科不是一门（单一）学科，还有许多与本学科有关的新兴学科，多与自然、技术、社会和人文科学交叉和渗透，其中包括现代科技的应用。同类有关学科之间，也有相似情况，新兴学科正

夏书章漫画像（2017年）

不断问世，我们应密切地注意。行政学现已取得的研究成果，在数量上早已从无到有、从少到多，但在质量上，由于上述原因，则一般并不是普遍很高。尽管本学科研究成果并非直接向现实生产力转化，但其在促进（或阻碍）有关科研成果更快更好地转化为现实生产力过程中的作用不可低估。

现在，行政管理的研究将更受到重视。目标管理、行政决策、依法行政、信息技术、咨询活动等，均将被提上重要议事日程。开展专题研究，以求行政质量、水平不断提高，满足人民群众的期望。具体来看，应该注意两个方面：一是要虚实并举。应用学科不是不要理论指导，而是要以虚带实，以实证明虚。二是要点面结合。要注意到方方面面，如热点、难点、疑点、冷点、重点、视点、盲点、优点、缺点。汉语很丰富，有很多的点。我们要由点到面，解剖"麻雀"。基于这个认识，我认为有两件事情需要重视：第一，要加强与国际公共管理学界的沟通和对话，争取中国研究的话语权；第二，要深入探讨当代中国治理面临的问题、机遇和挑战，并集合学界力量提出改革路径，形成对国家治理体系富有启发的想法，为中国治理的转型提供理论上的支撑和具体的政策建议。

夏书章参加专业博士点建设研讨会（2004 年）

要达到以上要求，有几点要注意：首先，要脚踏实地，具有国际化视野，不能关起门来搞研究、"闭关自守"。要注意研究、借鉴别人的成功经验，决不故步自封，也不简单照搬。其中，包括外单位、外地和外国各种有关的有益经验，都要虚心学习，加以分析、对比，有选择地吸收、参考。其次，要多吸收传统智慧。最后，要有合作的理念。我们政府需要与学术界合作。没有政府的介入，有些事情就不好办。围绕这些思路，近年来我们做了一系列工作。2000 年 12 月 25 日，我们申请成立了教育部人文社会科学重点研究基地——中山大学行政管理研究中心（现在更名为"中山大学中国公共管理研究中心"），以基地引领学科发展。这个中心一直强调要基于中国转型的经验开展研究。另外，加强与海外公共管理研究者的互动，可谓重中之重，也是我特别关心的问题。中山大学中国公共管理研究中心、西安交通大学和中国留美公共管理学会发起了"华人公共管理学者研讨会"，到目前为止，已成功举办六届年会。同时，充分发挥各方面、各领域的优良传统，认真实行"古为今用"，真正做到"前事不忘，后事之师"。在进行科学总结的基础上，对于经验和教训，都给予高度重视。2006 年，中山大学的马骏、何艳玲、刘亚平等几个年轻老师组织了一场中国公共行政研究反思运动，影响很大、效果很好。

行政实践是非常重要的，不能只空谈理论。这个学科的特点是理论必须与实践一致，理论指导实践经验，同时也能提高、丰富理论。我们现在有一个很大的弱点就是从事研究的人比较缺乏实践经验。我也有同感，我的实践经验也不是很多，但是非常注意理论与实践相结合。比如说，我做过副校长，这个当然是一种实践经验。其实还我干了不少行政工作，例如，我当副教务长的时候，在系里当系主任、副系主任，当教研组长，等等。

哈佛大学很重视实践，研究生必须要有实习，例如，到州政府实习。哈佛大学在马萨诸塞州，麻省理工学院也在那里，这个州政府相当于我们的省政府，他们很重视哈佛大学来的研究生，会给实习生安排一个办公桌，他们的会议也让实习生参加，这样可使学生了解他们在工作当中谈什么问题。特别是我同班的在职研究生，他是市的一个市经理，相当于一个常务副市长。市经理就是真正管业务的，专门管城市的。所以，我们去市政府实习时，他推举我们跟市长谈论交通问题，档案也给我们看，知无不言，言无不尽。他跟我介绍说许多东西是从中国学来的，所以当他把那个档案拿出来时，我才知道中国的宣纸这么了不起，我对此印象很深。由此可反观我们研究生课程有些地方还是可以考虑加强，要不然大家都只知道书本上的、黑板上的、老师口里讲的、参考书里讲的，实际情况怎么样不知道。

还有一个大问题，到现在为止，在我国行政学发展和研究上还有一个薄弱环节——案例。这个学科的案例太重要了。案例可大可小，大，大到一个国家作为案例；小，小到一件事情、具体的工作作为案例。因此，这个案例有综合的案例，有专门的案例。综合的案例，就是某一个问题，比如我写的书里面，有几本基本就是案例。如《行政奇才周恩来》，这就是个人的案例。而我写的新加坡案例主要就是讲一个小国家，那么快达到发达国家的水平，到底是怎么管理的，这就是一个综合的案例。包括公共管理、行政管理、城市管理等在内的各种管理学科也不例外。案例法的运用有助于减少纸上谈兵之弊和有利于吸取前人的经验教训，但若缺乏专业基础理论知识，仍难以深入或仅停留于就事论事，获益不大。案例若过于简单、浅白，价值也不高。管理类学科的案例教学，重在使学员受到启发，不宜照搬照套。

当然，这个实践经验，一方面自己干，另外一方面要多跟有实践经验的人来往、了解，他们也很愿意分享和交流。因此，这个实践问题不在于多少，而在于是不是留心、注意。如果都是跟学术界的人谈，谈来谈去，他没什么东西。但是有实践经验的人，无论是小科员还是一般的办事员，他都有他的经验和体会。所以，后来我们 MPA 班就比较重视这方面了。但问题是我们教师的实践经验太少，后来就吸收一些兼职教师，这非常必要。不然全是书本上的东西、外国的东西就容易空泛。因此，现在我们师资的培训依然很重要。

再有跟这个有关的一些东西，我们现在注意得不够。我讲《孙子兵法》，它不光是打仗的问题，这里边有许多管理的问题。它的篇幅和内容短小精悍，只有 13 篇。可这里面的内容推敲起来对管理效率来讲关系很重大。为什么日本人把《孙子兵法》《三国演义》和《西游记》看作必读书。因为搞企业管理，商场如战场。"知己知彼，百战不殆"，其实什么事都是这样。要解决个问题，首先要了解这个问题到底是怎么回事，怎么解决；明确自己有没有这个能力解决，以及如何应对。

第三节　我做了一些工作，让我们自己的理论能够比较集中

我写的几百篇文章，都是兴趣所在或有感而发的。一直到现在的《夏老漫谈》，我每期讲一个问题，这里面都是有针对性的。当然，于我个人而言，对市政、人事、高等教育方面可能关注比较多。涉及的很多方面似乎与行政管理、公共管理不相干，但大家都有行政管理，性质是差不多的，所以我了解到的很多。因为我学这些课程的时候，也不是从书本到书本上的，是到处看的。这些都是为了让我们中国自己的理论能够比较集中。

城市研究是我的老本行，市政学可以说是我最为钟情的分支学科，[①]

[①] 1986 年以来，除发表大量论文以外，夏书章还出版了由其著或主编的市政学专著，如《市政管理八议》《中国城市管理》《市政学》等国内市政学研究的代表性成果，构筑了有中国特色的新市政学体系，也包括了对社会主义初级阶段城市规划、建设、管理诸方面的探讨。此外，夏书章还特别强调中国市政学的"国际化"背景。他认为，中国的市政学不是"关门"市政学，亦不是"随从"市政学，市政学研究必须面向世界，努力学习一切先进的知识。为此，他以身作则地编著了《香港行政管理》《新加坡行（市）政管理》介绍先进经验。这些种种成果与努力，在市政学 30 多年不开设而形成断裂和改革大潮中城乡关系大变、城市体制职能大调整的基础上，对国内高校市政学教学、人才的"断层"进行了强力填补与有力推动，为中国市政建设与管理的发展、完善提供了理论基础。

我出版了一些书，如《市政管理八议》①《中国城市管理》②《香港行政管理》③ 等。大学读书时，市政学是我比较感兴趣的学科之一。因为当时已把市政学作为城市行政学而非城市政治学看待，认为是行政学领域进一步具体化的一个重要方面。后来，我每到一个城市，总不免要在有意无意之中，对反映城市规划、建设和管理水平的情况加以观察和思考，这已成为专业习惯。

  中华人民共和国成立后，我本以为能够在这个自己心爱的专业领域内大展拳脚，却不料院系调整竟将这一抱负延迟到了30年之后。在学科开始恢复之后，城市科学研究才又得以提上日程并逐渐复苏。20世纪80年代，中组部邀请我给中层以上干部讲市政管理。中组部还举办了一次全国市长研究班，主讲方式方法，以及效率的提高。后来，因为新加坡管理好，我就去了一趟，回来后，我写了一本叫《新加坡市政管理》的书。新加坡国家虽小，社会政治制度与我们也不同，但其行（市）政管理有显著特点，了解新加坡的基本国情、国家体制、政府结构等对我们是有启发的。城市是问题集中的，有一些大省市更加如此，如广东和上海，所以管理大省市是不简单的。中央许多领导同志都在广东干过，也有很多中央领导同志在上海干过，因为大省市的政治、经济等方方面面很复杂。但与此同时，也要注意，任何管理都要从实际出发，都要针对所处的具体环境，而非凭空的、抽象的议论或发号施令。换句话说，管理实务离不开政治、经济、社会、历史、文化等背景。否则，某些事情必须或适宜这样处理而不能那样处理，却还照搬理论，就不可理解或不可思议了。

  城市是国家的缩影，各种管理事务应有尽有，现在大城市、特大城市动辄二三千万人口，千头万绪，衣食住行，什么都要管。比如交通问题，原来我们要撤掉有轨电车，但现在又回来了；原来我们有自行车道，但后来又撤销了，现在看发达国家大力提倡自行车，我们又开始觉得应该提倡了。现在研究城市的高校很多，中山大学有研究机构，各地也有城市研究机构，各地学院也有城市规划、城市设计等专业，内容各异，但基础要打好。要像金字塔一样，基础要厚，然后再专。人们常把"北上广"挂在

---

① 夏书章：《市政管理八议》，山西人民出版社1986年版。
② 夏书章、严家明：《中国城市管理》，知识出版社1990年版。
③ 夏书章：《香港行政管理》，光明日报出版社1991年版。

口边，广州是一个应该好好研究的中国重要大城市。

香港的管理不错，所以我又专门到香港待了一段时间，到它各部门、各方面去了解。从香港回来后，我又写了一本《香港行政管理》，由光明日报出版社出版。香港政府对经济发展实行"积极的不干预政策"或"积极的不干预主义"，这个措辞很妙，既不能看作消极的不干预，也不能理解为积极的干预。实际上，是否有必要进行干预，是以对经济发展是否有利来看的。无论是干预还是不干预，如果有损于经济发展或会导致危害，便是帮了倒忙。或者换个说法，叫作"正干预"和"负干预"，前者起有利的促进作用，后者起反作用。尽管对此还有不同意见，但与政府在为促进经济发展创造条件上下工夫、被看作明智之举是一致的。

现在修建"海绵城市"，则是关于城市环境的一种重新设想。倘若能建设得好，甚至可以对雨水充分加以控制和利用。其中首要的是改善和加强水资源管理问题。再说，"海绵城市"建设，亦非轻而易举。足够的资金、妥善的设计、认真的施工等，无一不需要群策群力去落到实处。仅以修建可渗透路面和公共空间使雨水能渗入地下为例，就很不简单。应当认为，必须统筹兼顾、兴利除弊，既要由表及里，又不能患得患失。那些"政绩工程""面子工程"之类的做法教训太深了，切忌重蹈覆辙。

可喜的是，现在，全国已有130多个城市制定了建设"海绵城市"的方案。其中重要和关键环节颇多，都不可掉以轻心和马虎从事。像开发蓄水池塘、过滤设施和湿地，以及前已述及的事项等，无一不需要力求高质、高效，才能发挥预期的作用。否则，必将劳民伤财，造成严重浪费。此外，聚集雨水以为家用，如给植物淋水、冲洗厕所之类，民间或集体单位早已在做，应继续予以倡导和鼓励。实践已经证明，做好这项工作，久而久之，将大大有助于减少碳排放和应对极端天气变化的危险。也有使周围气温降低约1.3℃的记录，从而减少大楼降温所耗费的能源。根据国外已取得的经验，可将清除了污染物的雨水补充城市地下水，干旱时把水抽出来，使"大地变成你的用水银行"。"海绵城市"还会带来更广泛的社会福祉，这需要巨额投资，但这些改革是值得的。我们常说，要把好钢用在刀刃上，对如此关系民生的大事，又怎能不好好大干一场呢？

还有是高等教育管理问题。为什么中华人民共和国成立前"江湖愈老愈寒心"？中华人民共和国成立前我就参加了"国立中山大学教授活命大拍卖"，整个国家的人心向背已经很清楚。后来，我在哈佛大学又教了一年，在教育学院，我讲了很多高等教育管理的内容，实际上也讲了教育和伦理的内容，那时候到了很多大学，这是20世纪80年代了。《高等教育管理》就是那样写出来的。

第四节 育人的根本，就在于实现"真正实在"

教育事业现在之所以很繁盛，总体因素是国家富强的结果。过去说书呆子、书生之见，都认为百无一用是书生，这是不对的。发达国家教育比较发达，不发达的国家教育就比较落后，文盲很多。实际上能够看书、吸收知识，对任何个体所从事的工作和业务都有帮助。因此，一个厨师，他不仅懂得如何做得好吃，他还懂得营养，这就是知识的问题了。教育很重要，培养人才要靠教育，所以大学的教育改革要把眼界放高一点，讲究质量、注意实践。高等教育管理学，也可以叫高等教育行政学，当然首先要涉及高等教育学和管理。但它不是二者的简单集合，而是根据高等教育事业的发展规律及其特点，如何进行有效管理的学问。例如，集中管与分散管（高校与主管单位之关系）、大综合与小综合（高校类型设置）、质量与数量（高校设立监管）、有比例与无比例（经费、专业、师生）、"挑水吃"与"抬水吃"（师资配置）、当校长与当市长（领导角色）。

智力投资事关培育人才的大计，不能只注意数量而忽视质量。联系到教育改革，仍必须强调德才兼备。既然人是智力的载体，怎样做人和做怎样的人不能没有基本的考虑和态度。运用智力去干什么，是任何人在关键时刻都要面临的抉择。因此，要特别关心国家的科教兴国战略。科教兴国旨在提高全民族的科学文化水平，从而使劳动者的整体素质得到较大的改善。发达国家和发展中国家的区别不仅表现在经济方面，科学技术、文化教育方面也存在显著差异。教兴国泰就是说国家教育普及了、发达了，经济社会的发展就有了可靠的保证，物质文明和精神文明建设就会相应地得到提高。

育人的根本，就在于实现"真正实在"。学海无边、学无止境，德才为根本，而且要做到德才兼备。"真"即应该做到真金不镀、情真意切、当明真相，为人治学持认真态度，求学要有真才实学，讲究真凭实据，对于学习要有真正的兴趣，做到敬业乐业。"正"即要在品行上要求做到正大光明、本正源清、必先正己，还要相信邪不敌正，树立最为基本的人格魅力。"实"即应该实事求是、名实一致、切合实际，并且贵在落实，不可哗众取宠，但也要爱惜名誉，务虚的最终目的就是要务实。"在"即必须在位谋政，相信事在人为，尽其在我，而且学习、做人道理无处不在。总的来说有六条：

（1）心，天下无难事，只怕有心人。如果心不是在这个学科，而仅仅是人在这个学科，可以来拿个"铁饭碗"，或者说安安稳稳地过一辈子、混日子，那就没有意思了。选这个学科，要有一个中心思想，一辈子忘不了，这是有心。一旦有心了，就对什么事都感兴趣了。

（2）人，什么人干什么事，什么事要什么人来干，能不能这样，能不能那样，这就是一个人，人是中心。因为治理是一个人的问题，围绕人转的，不同的人就会有不同的结果。最重要的就是找对原因、弄清事情的过程，这个心就在这里。如果不当回事，马马虎虎，便无法成功。这个就联系到我们的本职，我们从小学到大学的教育很重要。德智体美，从小就应该注意这个问题。这些都不是空的，说穿了就是一种精神状态，这就是人的聪明才智。一般来讲，身体不好也麻烦，体质是非常重要的，有些人不注意身体，早早地衰老了，这个很可惜。有些人出了学院进医院，大学毕业了就身体不行，学习也浪费了。而道德不行，则可能会进法院吃官司。大学毕业生也有些个别品质差的。德智体美群，美丑恶要分得清楚。

（3）恒，有恒心，一贯如此。这个恒心，首先是有志气和励志。我想大家都有立志气，但要有本事吧，智力要发挥出来变成能力。研究也好、做事也好，要有本事、有能力，也能够让能力见之于行动。

（4）新，不停留在老一套上，不创新就无法前进、无法竞争。精益求精，不要停留在一个水平上，满足于保守状态。所以，我们现在的口号是，不忘初心、继续前行，不前进就会落后，国家也是如此。做学问一定要认识到自己的渺小与不足，不断地读书、充电和加油。我从来不同意"人到中年万事休""七十老翁复何求"这类说法，只要一息尚存，我就会在学术道路上继续前行。我们年轻人很可爱，现在十几岁二十几岁的青年都是欣欣向荣，有这个环境、有这个机会，大家这个智慧就出来了。手机付款现在在国际上还是新事物，还有中国高速铁路，过去我们的铁路是学日本、德国的，现在我们的高速铁路不简单。什么道理呢？就是思想解放了，大家都晓得创新。所以，我们多门学科不要放松，不要把我们限制在一个很小的范围。特别是我们的公共管理，涉及的面太广了，管理哪一行就要学习哪个方面，即使不是很内行，但至少不能太外行。

（5）序，程序，意思是要有条理。中山大学的校训，是孙中山先生定的，来自古书，学问思辨行，博学之，审问之，慎思之，明辨之，笃行之，中心是行。但不是埋头苦干就算了的，埋头苦干不问路，不学习、不提问是不行的。学问学问，一些人提不出问题，这是很大的问题。我常常对学生讲，记住校训，受益终生。不学无术是不行的，不动脑筋、死记硬背是不行的，不明大是大非、光说不做是不行的。

（6）公，我们这个公共管理，要为人民服务，当人民公仆。毛泽东同志这辈子了不起在离不开书，他又是实干家。学问思辨行，公谦勤慎亲，出于公心，很慎重，谦虚谨慎。

人事管理大有学问，大有可为，大有希望。如果说过去关于人事管理的研究是被忽略了的话，那么，现在正方兴未艾，将来大有作为，希望同志们一起共同努力。人事管理工作干部不是"万金油"，而是"特效药"。人事管理比行政管理更早、更具体。1982年至1983年间，我曾先后在武汉大学经济学系、云南政法和宣传系统等单位讲人事管理专题，并在多个会议上做关于管理人才、人才管理问题的讨论。1984年4月，在全国政协礼堂，由中组部和劳动人事部主办的报告会上，我又讲了"人事管理改革和人才问题"。另外，应《社会科学战线》《人事》《劳动与人事》《行政与人事》等杂志的邀请，我担任了一系列学术评审人的职务，并且发表了大量有关人事行政的论文。1985年，我还出了一本《人事管理》专著①。

总的来说，公共管理研究今天是大有可为的，很多问题都值得研究。所以，真正研究公共管理的人不是太多，而是太少。历史研究、综合研究、专题研究，都需要大家合作，发动研究公共管理的力量，真正发挥作用，就会大有可为。过去讲公共管理，联合国的援助项目中就有很多个项目是有关公共管理的。我们现在研究的数量不少，但质量有待提高。

---

① 夏书章：《人事管理》，人民出版社1985年版。

第三部分

中国的行政学就是研究中国的治国理政

第八章　我最忙的时候是改革开放以后

第一节　政治行政关大计，重视补课见奇功

邓小平同志在定下要实行改革开放政策的同时，发出了一个具有历史意义的"赶紧补课"的号召。在他所举的学科中有行政学，因为它本属政治学专业的重要组成部分或基础课程之一，这才给行政学科的恢复带来生机和活力。1980年年底，我们就在北京成立了一个中国政治学会。我当时不在国内，在美国做客座教授，但我当选为副会长。当时活动很多，我在20世纪80年代、90年代是全国跑，专门讲行政学。20世纪80年代，除了西藏、新疆、青海和台湾我没到过，其他各省的政府均邀请我给干部讲行政管理。而且我到过教育部的六个培训基地，一个在武汉，一个在重庆，还有陕西师范大学、华东师范大学、北京师范大学、长春师范大学。这样一讲，国务院办公厅、人事部都支持。1982年，我就借这个机会在《人民日报》发表了一篇文章——《把行政学研究提上日程是时候了》，当时社会反响非常强烈。我这篇文章一发表，人事部的副部长亲自到广州来找我谈，后来学科不但恢复了，而且党和政府非常重视。

政治学跟行政学是分不开的，恢复政治系就有行政学的课程。所有政治学的都有这门课，要说把它分开，是分不开的，行政行政，行的是政嘛。接着就是筹办中国行政管理学会。政治学会已经有了，这个行政学的学科也很重要，就行政学科而言，当时已逐渐受到有关党政领导的高度重视。具体例证很多：一是我在《人民日报》发表的专题文章受到广泛注意；二是组织报告会，讲述关于行政管理、人事管理、城市管理等知识，对象是中央司局级和北京市高级干部；三是发起多次专题研讨会，研究、讨论关于行政管理的理论和实际问题；四是举办行政学培训班或讲习班，以应学科发展之需；五是学会筹备工作。因为学科已有从一门课程发展为一个专业的趋势。后来相继出现政治学与行政学系、行政管理专业或行政

管理学系，直到政治与公共事务管理学院和公共管理学院。

这里有一个小插曲，就是关于学科名称。学科的发展有一个过程。因为它是一个引进学科，引进学科就有一个翻译的问题。它的原文叫"public administration"。"administration"这个词可以翻译成"行政"也可以翻译成"管理"。MBA 的 A，也是 administration，就翻译成"企业管理"。我们把"public administration"翻译成"公共行政管理"，原因在哪里呢？最早在美国政治学界取出来的两分法，把政治分为两部分，一部分政治、一部分行政；行政的研究工作是从研究政府管理开始的，所以叫行政。司法、立法、行政，所以公共两个字省掉了，加上去也可以。我们后来引进公共管理硕士专业学位的时候发现，美国的 MPA 和普通的硕士不一样，要有工作经验，特别强调理论联系实际。所以现在，我们 MPA 班都是公务员，有 3 年经验的，不是从学校门到家门的。所以国家在研究生目录里把公共管理（public administration）定为一级学科，把行政管理定为二级学科。这是我们中国的解决办法，实际上它原文没有改动。至于后来还有一个公共管理叫"public management"，有些人不知道这个内情，以为"public management"才是公共管理，"public administration"是行政管理。这不对，因为"public management"是一个学派。所以 MPA，我们没有翻译成公共行政硕士，而是翻译成公共管理硕士。现在国外已经把"administration"替换成另外一个词"governance"，我们翻译成"治理"，其实这个治理在中文来讲更好。治理，是解决问题，治国、平天下。从中文的意思来讲，治理更能表达它的意义。

当时学科要恢复是不容易的，虽然大家积极性都很高，但要着手恢复这个学科时，便马上遇到两个大难题。一个难题是行政学科停了 30 年，这就意味着这门学科已经 30 多年没有再培育出新的学生了，后继无人，就剩下我们这些老家伙，师资怎么办？第二个大问题是教材怎么办？恢复学科，空口说白话可不行。

所以，我们在这方面采取了一些措施，一个就是办培训班、研究班。1982 年，我们在上海复旦大学办了政治学的研讨班，把各地有兴趣的、有条件的人才组织进这个班，有几十个人。现在已经又过了 30 年了，这批人都七八十岁了，也老了，而我都 90 多岁了。他们当时正值中年，都是有基础的教师。我们通过举办培训班、研究班迅速摸清了当前学界的人才状况，并将他们集中起来进行学习深造，以便尽快地让他们能够共同参

Humanistic and Social Factors
in Economic Development

by
Xia, Shuzhang
Research Center for Public Administration
Zhongshan (Sun Yat-sen) University

Abstract

Economic development is not just for development's sake, and is not isolated developing. It can't be divorced from international, internal and local humanistic and social concern, or influenced by in different nature and degree. Among the humanistic and social factors, politics, law, education,

夏书章英文手稿

与到行政学的恢复建设中来。

当时影响力比较大的培训班我们办过三个：第一个便是上文说的在1982年由中国政治学会委托复旦大学举办起来的。当时在班上主要有国际政治、政治学史等方向的课程，我就在班上主讲行政学。在复办政治学系或专业的过程中为解决师资问题举办的培训班便安排有行政学课程。后来有不少从事行政管理学教学研究的骨干，就出自该培训班。有人戏称那是新时期政治学类师资的"黄埔一期"。历时30多年，很多人已经退休，而现在很多行政学的老师又是他们的接班人，这可不是什么论资排辈，而是明摆着的事实。

第二个培训班是在1985年开办的，由于当年国家政策层面对于行政管理学科的恢复已经有了积极推动，实践界率先开始了行政学人才的培养工作，由国家劳动人事部教育局委托湖南省社会科学院和湖南省劳动人事厅所举办的全国行政管理师资培训班顺利进行，我在班上讲授"社会主义国家行政管理的地位和作用""行政管理科学化、法制化、现代化"等专题，进一步阐述了在社会主义框架下中国行政管理的发展要点、道路走向等基本问题。次年，第三个培训班也顺利开办。这一年里，借助国家教育委员会的政策之势，高等学校中的行政学恢复也迎来了高潮，所以我们决定再举办一次培训，专门搞行政学的。因而此次由国家教育委员会委托中国政法大学（当时也叫政法学院），在北京举办全国高等学校行政管理学教师短训班，以此为主题，集中力量对高校师资进行强化，我受聘前往讲授"行政管理学"。当然，我也早就意识到依靠短训班、学习班这样的非正式、非系统的培养方式是无法跟上当时行政学科的增长态势以及行政实践的实际需要的。

正因如此，早在1980年，借着中国政治学会组建的机会，我们一批老教授便向中央领导建言强调系统性培养政治学、行政学的人才是专业恢复的重要部分。鉴于自己长期在教育第一线的实际工作经验以及后来的高校管理经验，我认为，虽然应当提倡学生认真读书，但这并没有（也不能）否定或减弱教师的主导作用。相反，对于教师的要求，显然不是降低了，而是更高了。在读书之风日盛的情况下，相应地改变教学方法是颇有必要的。结合过去高等学校马克思列宁主义理论课程教学工作的一些教训缺点，针对现在这种"讲授为主"的教育方法，我认为，怎样"讲授"，又怎样"为主"，是个很值得研究的问题。具体而言，以"讲授为主"的教学存在以下几个不好之处：①学生不去认真读书，因为根据教师"教学大纲"，似乎已讲得相当系统全面，学生便认为无须读书；②学生没有下过一番工夫认真读书，便很少甚至几乎不用深入思考；③不仅使学生依靠上课讲授的笔记过日子，而且使教师纠缠在讲稿上，也未必能认真读书。针对这种情况，我以为应该做到：在教师与学生都认真读书的基础上积极展开教学活动。大家刻苦钻研，独立思考，读书自有心得，见仁见智，各抒己见。师生之间的思想就可以交流，观点就可以交锋。遇到疑难问题，教师的解答与帮助便十分重要。

另外，教材问题也是当务之急，要恢复学科拿什么作教材？我1982年在讲课那个班，写作过程由我负责牵头主编，以当时学习班上所讲的"行政管理"讲稿为基础，协同黑龙江、吉林、山西、湖南四省社会科学院的部分科研人员和学术骨干，集思广益而成。1985年在山西人民出版社出了第一本。这书不是跟外国那一套完全一样的，比较重视结合中国实际，因为这门学科是个应用学科，不是什么纯理论。行政要行、要实践，在什么地方实践呢？在中国，而中国制度跟英国、法国、美国、日本等是不一样的，这个背景不能离开。他们宣传行政中立、文官中立，实际上这样是不行的。我们这本书所采用的一些框架，涵盖了对行政组织、行政领导、行政决策、人事行政、财务行政、行政方法、行政法规、机关管理等基本主题内容的讲述。更重要的是，这本书坚持以马列主义的辩证唯物主义和历史唯物主义的原则为指导，从我国的国情出发，批判地汲取、借鉴了当代各国行政学和行政管理的先进理念和方法，与政治学、法学、经济学、管理科学保持密切关联，并特别强调了要在社会主义建设这一制度环境下开展对国家行政管理的应用研究，以理论带动实践的发展。

再到后来，随着行政学科专业在各个高校的迅速恢复以及国家社会管理实践的迅速发展，教材短缺的问题又再次出现。我们又在1991年6月编写出版了《行政管理学》（中山大学出版社出版）的新教材，这本新教材的出版更加完善了学科理论体系、拓宽和加深了学科研究领域。例如，增加了行政道德、行政执行等内容，使之体例更完整、观念更新颖、内容更充实。这本书被大多数高校采纳为教材，并先后得到广东省社会科学优秀成果一等奖（1994年）、国家教育委员会第三届优秀教材一等奖（1995年）。至今，这本教材已经再版更新到了第六版，囊括了党的十八大精神和十二届全国人大一次会议精神，更加关注当前行政管理体系改革的热点、难点问题。除此之外，随着行政学专业分支研究的逐渐兴盛，我还组织编著出版了各个子领域的相关著作。例如，在学科开始恢复后，市政学也被提上日程，我花了大量精力编著市政学这门分支学科的相关教材。这些著作大多是当时国内市政学研究的代表成果，既包括了中国特色的新市政学体系，也包括了对社会主义初级阶段城市规划、建设、管理诸多方面的探讨，还包括了对资本主义制度下城市行政的研究。①

再有就是学会杂志。本来，在当时的情况下，成立中国行政管理学会已是呼之欲出和水到渠成的事。但由于有国务院办公厅和国家人事部的领导同志是筹备组的成员，学会的主管单位将是国务院办公厅，所以对于学会的正式成立，中央非常郑重其事，而不是简单地宣布成立。这不是随便挂个招牌就行的，当时由人力资源和社会保障部（以下简称"人社部"）和国务院办公厅来筹办。筹办中国行政管理学会这个工作，我参加了领导小组，筹备组由领导干部、专家学者和工作人员组成，体现了理论和实践的结合。现在有些学会只是挂招牌，实际没有什么活动，但这是要真的做工作的。怎么办？会议讨论后决定先试试看，由办刊物做起，就是现在的《中国行政管理》。《中国行政管理》这个刊物是1985年的时候开办起来的，当时做出的决定是，以创办会刊即《中国行政管理》杂志作为先锋，去开路、探路；待时机成熟，学会再挂牌、出台。原意在于：先筑起一座平台或开出一块园地，好好听听大家的呼声和意见，作为学会即将开展工作的重要参考。后来刊物一直保持前进、上升的势头，不负众望。它开始是双月刊，后来是月刊，后来由很薄的一本变得现在那么厚。学术期刊的创办旨在为这个学科探路，其社会反响非常强烈。

---

① 早在1983年，行政学科恢复之初的彷徨期，夏书章便写下《国外"行政学"简介》一文介绍学科的来龙去脉，使后起学子既弄清学科建设的历史背景，又探明学科发展的开拓前景。在这之后，一旦他认定有机会、有需要，便总是不辞劳苦地为学科完成"取经"工作。1985年，以顾问身份出席联合国文官制度研讨会的夏书章得到英国两位学者赠书《英国行政管理》，他感到此书内容较新，而且内含的"行政监督""公务员培训"对当时中国行政管理改革大有参考价值。后因本身太忙，他还积极地动员夫人汪淑钧进行翻译，并最终于1991年将这本书在商务印书馆正式出版。1988年，夏书章更是受聘为国家行政学院系列教材暨《国外行政管理名著译丛》编审委员会委员，开始系统性地为学科发展进行这样的思想介绍工作。到了后来，夏书章自己也仍然继续坚持通过编写教材来介绍国外的实践经验、理论思想，以其当年在哈佛大学之专业学习、管理见闻为基础，又增添了多国行政管理的新内容，1998年其应聘作为主编组织出版的《哈佛行政管理全集》便是其中的典型例证。

再来说组织协会，那么多行政学会，每个省的行政学会都是中国的特点，直到 1988 年才正式挂牌成立中国行政管理学会。后来在学会成立 20 周年时我写过一篇关于学会发展史的文章，过去从头至尾我一路当过筹备组长，当过副会长，而会长都是国家有关部门的领导，最后我年纪这么大了还给我个名誉会长。国家在学会筹备过程中十分重视，由人社部、国务院办公厅出面，在天津、长春举办研讨会。

学会是学科的会，学会办的刊物自然同学科有直接、密切的联系。它们之间所产生的互动作用也显而易见，但主要的活动中心仍在学科本身的发展。也就是说，学科的兴衰影响学会和刊物的工作，后者在一定程度上将有助于前者的发展。上面说到的《中国行政管理》的发展就同学科的发展有很大关系。当时学科不仅成立了专业、系、院，而且有权授予学士、硕士、博士学位，开设了博士后流动站，又引进了公共管理专业硕士学位。除普通高校外，另有自成系统的国家行政学院，省、自治区、直辖市和许多地级市等都有行政学院，教研人员和学员之多可以想见。这些岂不正是刊物作者、读者的来源？学科发展是办好刊物的有利条件，但刊物究竟能否办好，还要看主办者的积极性、责任心及其能力发挥得如何。在这方面，最好和最可靠、最可信的莫过于客观事实的反映。"中国知网"对《中国行政管理》发行与传播统计的最新研究报告显示期刊订阅户有 5100 多个，分布在全球 26 个国家和地区，个人读者分布在 29 个国家和地区。这些都是在创刊时始料未及的事，也是学科发展的一个重要标志。

第二节 创建出适合中国国情的学科

解决了行政学知识传授的师资、教材问题，又有了大量行政研究组织团体的积极运作，行政学科的恢复可以说是初步完成了。中国行政管理学会办的《中国行政管理》期刊越办越好，逐渐有了国际影响力。现在我还在上面写专栏，叫"夏老漫谈"。这个漫谈，每个月写 1 篇，从 2001 年开始到现在差不多有 200 篇了。全国现在很多大学都有公共管理学院、行政学专业，有学士、硕士、博士、博士后。教育部一百所人文社会科学重点研究基地，行政学就是其中一个。公共管理这个学科现在在中国规模很大，可以这么说，在世界大国里，没有第二个国家有这么重视。过去我们党的系统有党校，如中央党校、市委党校、省委党校。再后来又设立了国家行政学院，每个省，甚至有一些市、县都有行政学院，这足以说明国家十分重视行政学科的建设和发展。现在想一想，一个国家的发展、盛衰，跟它的治理水平有关系，也就是治国理政的问题。

夏书章参加中山大学首届公共管理硕士学位授予仪式（2004年）

接下来我们学术界要注意，如果对西方的社会科学讲起来头头是道、如数家珍，但讲了半天这个应用社会科学，还是英国的背景，还是美国的背景，这就不太好。这些材料我们要看到它的优点，不过若照搬到中国来，会水土不服。我们若不把中国的情况吃透，这个学科怎么会有生命力？在研究方面，我们也要与时俱进，要有中国特色，古为今用，洋为中用，要"知己知彼，百战不殆"。对于要解决的问题也应持这种态度，要知道是什么性质的问题，问题的解决要有针对性。如同吃盐吃多少，厨师也要了解顾客的胃口。

我年纪大了、经历的时间久了，希望大家注意，公共管理就是现在的治国理政，这是一个大的事情，而不是一个简单的小问题。如果没有一个广博的知识做基础那是不行的，因为治理这个问题覆盖面太广了，所以不要把它看得太狭隘，现在我们一般把行政管理看得很狭窄。广义层面上，不管是政府管理，还是非政府的管理、社会管理，都是我们这个学科的，这一点非常重要。我想我们这个专业也要学经济学吧，特别是政府经济学。中国能有今天，在于我们有经济上的发展。所以我们的基础课程，包括社会学、政治学、经济学，要讲常识，要把很多基础的东西当成常识来讲。有许多东西，课堂上不一定教过，但是自己要去学习掌握这个资料。

中国在科学发展中和平崛起，需要优质公共服务，公共管理学科也就必然要随之加强研究和努力创新。因此，回首前尘，我们没有任何理由可以自满，必须正视已经出现的问题和有待改善的不足之处。初步设想，我们应提高三种能力：一是鉴别力，能认清和精选可供我们借鉴的有益观点和成功经验；二是消化力，能吸收"营养"，而非食而不化；三是创新力，能在参考借鉴中有所创新，更重要的是发挥自主创新能力。让我们在共识、共勉、共信的基础上有针对性地做出过去 30 年所未有的学科研究顶层设计，以迎接下一个 30 年！

第九章　政府工作人员的脑子里要有知识

第一节　此刻引进MPA、加强行政管理能力建设正是时候

MPA这个学科已经是国际上通行的了。在全世界，最有效的专业性硕士学位有三个，一个是法学硕士，另外一个就是工商管理硕士（MBA），再有一个就是公共管理硕士（MPA, master of public administration）。这个"administration"英文本来就应该翻译为"管理"，MBA那个"administration"我们是翻译成"管理"。为什么"public administration"我们翻译成"公共行政"呢？因为开始研究这个学科是从政府开始的。公共管理为什么叫作公共管理呢？因为它除了政府管理外还有社会管理、非政府组织管理和非营利组织的管理。这都是公共管理，公共行政管理只能指政府管理。我们现阶段的做法就是把公共管理变成一级学科，行政管理变成二级学科。实际上，广义的行政管理就是公共管理。除了政府管理，非营利组织管理、社会管理很多不是政府的，但是要跟政府配合，所以广义来讲都属于公共管理。

被誉为"中国MPA之父"，这是他们加给我的。MPA与工商管理硕士MBA不一样。起初，中国开放了经济，要与别国来往，但对"厂长""经理"到底是怎么回事不清楚。过去我们关起门来反正是国有经济，没有什么市场经济，不了解人家，所以要赶快学习"厂长""经理"这方面的知识，这才引进了MBA，就是master of bussiness administration，我们翻译成工商管理硕士或者商学硕士。当时MBA在中国日益火爆的时候，我们就意识到该引进MPA了。MPA比MBA晚10年引进，正符合规律。在改革开放前20年，国家以经济建设为中心，解决企业管理问题是首要的。引进MPA的时代背景是，中国加入WTO，开放市场经济。邓小平同志讲过要实行市场经济，有人说市场经济是资本主义的，邓小平同志说我们搞社会主义市场经济不行吗？我们搞改革开放没经验，当时有很多外国

的资本家想在中国投资，只拿了钱却下不了决心。深圳特区建设起来以后，人家说你没有投资的法律，又没有破产的法律，我们怎么把钱投下去啊？若投下去血本无归怎么办？所以深圳特区就开始出台怎么投资的法律、怎么破产的法律，慢慢地立法，投资者放心了，才把钱投下。所以，深圳就是探路者，先行一步。

所以，我们加入 WTO 以后，对政府工作人员经济管理能力的要求更高了。有调查显示，在欧美注册一个公司通常需要两三个小时，在香港需要两三天，在深圳需要两三个星期，在内地需要两三个月，而在一些边远的地方甚至两三年还办不好。当时中国加入 WTO 在即，公务员的素质、政府的管理水平、办事效率都将成为影响国家参与世界竞争的重要因素。这个时候引进 MPA 教育，虽然不能对政府行为有直接的影响，但可以潜移默化地推动政府管理水平的科学化，促使政府机构改革发挥出最大效益。此外，随着中国非政府组织、非营利组织等公共机构的不断发展，如社会保障、公共卫生等领域，它们的公共管理水平也需要不断提高，这些都是发展 MPA 教育的基础和社会需求。正是因为政府也意识到这个重要性，我们当初的提议才会一石激起千层浪，都觉得引进 MPA、加强行政管理能力正是时候。早在 1996 年，我便在《学位与研究生》杂志上提出引进 MPA 学位制度的设想。随后，由国务院学位委员会直接领导的 MPA 学位论证和设置工作于 1998 年年底启动。

当时分别在北京、上海、厦门、广州举办了 6 次会议，我们准备了 6 个学校做试点，结果大家积极性太高了，闻风而至，结果第一批试点就有 24 个。但是有个条件，大学一定要有研究生院，也就是说，要求师资要好一点。接着是举办培训班，过了一两年，变成了 47 家，然后就是 98 家，现在则有 100 多家。在经过 4 次专家论证并广泛听取和吸纳公共管理实践部门的意见后，在 1999 年 5 月召开的国务院学位委员会第 17 次会议上，审议并批准了公共管理硕士专业学位设置方案。

2000 年，国务院学位办正式公布了包括北京大学、清华大学、中国人民大学、中山大学等在内的 24 所 MPA 试点学校。2001 年，一委两部（国务院学位委员会、教育部、人事部）组建成立全国公共管理硕士专业学位教育指导委员会。2001 年 10 月首次组织全国联考。2002 年 3 月，首批 MPA 硕士研究生入学。MPA 跟普通学位不同，要有 3 年工作经验，这是很讲究应用的，而不是从理论到理论。所以 MBA 也好 MPA 也好，一般

夏书章与中山大学－牛津大学广东高级公务员公共行政知识专题研究班学员合影（2003年）

要求的时间比较长，而且要求有实践经验。中国的 MPA 办起来了，虽然我们 MPA 培养学校不少，但培养的学生数量还不够，质量上升空间还很大。在美国这个学科就很盛行，美国公务员有 5%～10% 是 MPA。中国如果按 5% 来算的话，现在还差得远，我们有几百万公务员，二三千万公共管理人员，MPA 还大有发展的余地。专业学位和学术学位不同，更应当注重学以致用。我们博士研究生数量超过美国，但质量要提升，要博也要专，不能"样样通、样样松"。

第二节 教师队伍的素质是保证 MPA 教育成功的关键

当前中国 MPA 发展的首要问题仍然是师资。因为 MPA 要培养实用型、复合型、高层次的管理人才，所以教师的视野和教学思想要有意识地转移，要跟上 MPA 教学的需要。教师队伍的素质是保证 MPA 教育成功的关键。MPA 教育是从国外新引入的一种新兴学位教学，它对教学的方式、教师的基本素质甚至教学内容都提出了新的挑战，要让从事 MPA 教学的老师迅速适应新情况。

把原来的课程搬过来，从书本到书本，这是不行的。因为对象都是有经验的公务员，不是本科毕业马上进来的。我们的教师如果实践经验太少、脱离实际就会很危险，如果净是书本上的东西、外国的东西，那是非常不够的。因此，这个实践问题，不在于多少，而在于是不是留心、注意理论与实践很好地结合。如果都是跟学术界的人谈，谈来谈去，其实已经框定了，但是有实践经验的人，无论是小科员还是一般的办事员，他有他的体会，有他的经验。现在我们的老师有一个弱点就是比较缺乏实践经验。MBA 有这个问题，MPA 也有这个问题。企业家面对的是顾客，我们面对的是公民，顾客掏得起钱才能买得起商品，没有钱根本不和他发生联系。公民不同，弱势群体，你不能不管，没有钱，还要救济他、安排他，尊重他的公民权。所以，有些问题要深入思考，不能听到风就是雨，从表面上来做文章，往往做不好。

MPA 教学中更要加强案例的分析，要请在政府机关或公共管理领域的成功人士来学校现身说法，用大量具有典型性的案例来增加学生知识面，培养管理、决策能力。到现在为止，"案例分析"还是中国公共管理教学的一个薄弱环节。在应用学科领域，对于通过案例分析进行教学研究的方法，应普遍给予高度重视。包括公共管理、行政管理、城市管理等在内的各种管理学科也不例外。案例，非常重要，可大可小。大到一个国家作为一个案例，小到一件事情、具体的工作作为案例。因此，案例有综合的案例，也有专门的案例。

案例绝不是举个例子、讲讲故事的报告文学。这些都可以作为素材，最主要的是把理论组织进去，理论结合实际。在美国，他们是将理论与实际结合在一起，所以把素材加工变成教学案例，要有很深的理论修养，还要有丰富的实践经验。案例应针对教学研究的内容及其目的要求理论联系实际地进行讨论、研究。因此，教学研究用案例的编制，必须具备丰富的专业基础理论知识和来自实践的经验教训。若仅停留于发空议论或就事论事，那便无助于学以致用水平提高。最好的例子如医道，精通生理、病理、药理、心理，又有丰富的临床经验，才能诊断正确、对症下药和药到病除。这就需要加工，要吃透理论，吃透实际，然后再编写有利于教学的案例。真实的案例资料内容非常丰富，可以开阔思路、活跃思维。案例讨论一般都是不预先给结论的，多半采用"头脑风暴"的方式来分析。

夏书章在授课

不过，案例法的运用虽明显有助于减少纸上谈兵之弊和有利于吸取前人的经验教训，但若缺乏专业基础理论知识，则仍难以深入或仅停留于就事论事，获益不大。案例若过于简单、浅白，价值也不高。管理类学科的案例教学，重在使学员受到启发，不宜照搬照套。

同时，由于MPA教学紧密联系实际，不可能照搬国外教材，编写教材的任务也迫在眉睫。现在各个高校几乎都在编写或编译自己的教材，有人认为这在某种程度上是一种资源浪费。但在MPA教学的起步阶段，这种浪费不可避免，甚至是允许的。只要编写从实际出发，各种教材之间可以充分地交流借鉴，也是一种财富。相比国外已发展了80多年的MPA教育，我们的起步与之有着相当大的差距，但只要我们的MPA教育紧密联系实际，就会走出自己的路子。

第九章 政府工作人员的脑子里要有知识 93

夏书章参加中山大学法政学科百年庆典（2005年）

夏书章与埃塞俄比亚联邦院议长及其代表团见面（2015年）

夏书章在中山大学学位授予仪式上执权杖入场（2015 年）

夏书章在学院新生开学典礼上讲话（2017 年）

第十章　我是中国特色社会主义派

第一节　对自己的东西不当回事，水平是上不去的

我的学术生涯是从政治学开始入门的。随后循着行政学（实际是公共管理的早期领域）的发展轨迹，拓宽到原来完整意义上的公共管理学，包括对非政府组织等公共部门管理的研究。其中分支学科和课题很多，我的兴趣比较集中于城市管理，亦即城市公共管理。过去把市政学看作行政学的分支，侧重城市政府方面的活动。但是，公共管理的视野要广阔得多，特别是在城市管理中，对非政府公共管理应予以高度重视。我在管理学院指导的三届硕士研究生都是以城市管理为专业方向的，现在指导的博士研究生仍然如此。必须明确指出，无论是研究行政管理或城市管理，重点都应该在政府管理，而不能陷于孤立的自我局限，忽视甚至无视公共管理的全面联系和互相配合。因此，我自己常提及的几门学科（如政治学、行政学、公共管理学、高等教育管理学等），实际上归纳为政治学和公共管理学两门，即在政治学的基础上，逐步向公共管理转向。

公共管理实际是医国之术，经理人才培养和行政人才培养是一个国家得以迅速发展的两个轮子。行政专业是"行建设有中国特色社会主义之政，须勤政、廉政；专为人民服务当好人民公仆之业，应敬业、乐业"。

管理是理论密切联系实际的应用学科，应用性很强。我们要建设的是有中国特色的社会主义。那么，我国的行政管理和行政学便应当具有中国特色。行政学更有必要深刻地了解国情，理论密切联系实际。建设有中国特色的管理科学，关起门来研究是不行的，很重要的一个方面是在管理实践中研究，靠从事管理的同志挤时间来研究，才能较好地理论联系实际，使研究出来的东西行之有效。为了丰富学科内的教研资料，要特别注意对国外行政学思想、著作的引进和介绍，在批判式借鉴、吸取的前提下达到"洋为中用"的效果。所以，一要脚踏实地，要有国际化的视野，不能关

起门来搞研究，否则又成了闭关自守；二要多吸收传统智慧；三要理论联系实际，实践界和理论界要真正互动起来。

由于行政管理学是从外国尤其是美国发展起来的，因而适当介绍他们的一些经验和理论，可以为我们创建具有中国特色的社会主义行政管理学提供参考和借鉴。但是，决不能离开我国的国情，照搬照抄、生吞活剥。在应用性的社会科学中，照搬外国的一切，不仅不会成功，而且还会带来副作用，有时甚至还会起反作用。这是因为各国都有各自不同的情况和特点，不同的社会制度之间不能相提并论、照搬照抄，而同是社会主义制度的国家，也不能只是一个模式。科学的态度应该是，根据本国的实际和自己的特点去办事，古为今用，洋为中用，取人之长，补己之短，力图创建出适合自己国情的学科来。

当前最大的一个问题，就是不要忘记国情。引进学科特别是应用学科，一定要看是在什么地方用。现在别的国家的一些经验，我们可以拿来借鉴，中国历史上也有些可以拿来借鉴。我们不是一下子过来的，我们也经过摸索的阶段。美国的说法主要根据美国的情况来，英国的说法是对英国来讲的，中国引进来只能是参考、借鉴，而不能忘记我们的目标和具体的国情。现在有些人，可能还没有转过弯来，在这个方面还是比较明显的。我们要注意，如果对自己的东西不当回事，水平是上不去的，学术根基也是不牢的。外国的理论知识可以参考借鉴，但还是要以我国实际情况为主，批判性地予以参考借鉴。我们这个学科是引进来的，基本理论是从国外来的。其实国外那套也离不开他们的国情，英国有英国的国情，法国有法国的国情，它不是为中国编的，那么我们就应该懂得我们的国情。全世界都非常重视研究中国的公共管理，因为中国的形势——经济发展很正常，如果管理不善，不可能有这个局面。

哈佛大学肯尼迪学院授予夏书章资深校友称号（2018年）

现在的问题在于如何加强我们的经验总结。中国现在发展起来了，国际地位提高了，治理能力的提升是很重要的一个原因。所以现在讲的公共管理、国家治理、社会管理，这都是我们这个学科的范畴，这是广义的公共管理。公共管理不光是政府管理，单靠政府管理是管不好的。

我们的同志，特别是中青年的同志，要认真地读一读中国这方面的经典理论。不管是哪位领导人，他们的论著里面都离不开我们这个学科，都会谈到该这样、该那样、怎样会成功、怎样会失败，这就是活的资料。我们这方面不补的话，是说不过去的。现在有一些海归，从国外留学回来，对外国的东西很熟悉，对中国东西一无所知，那就糟糕了。所以这些古典的东西，我们要补课。全世界哪一个国家有这么古老的文化传统、现在还在发挥作用的？我们不把这个宝贝好好地掌握住、好好地补一补，我们就底气不足。作为中国的学者，不了解中国、不了解中国历史，就需要补。

毛泽东思想、邓小平理论等都是我们要掌握的。中国的本土化，不能再停留在照搬西方的那一套。西方的那些东西我们要懂得分析批判，吸收它的一些成功经验。但更重要的是，中国是一个大国，取得这么大的进展，而且现在在国际上的地位在提高，我们需要根据经验总结出一套适合我们自己的理论。

一个国家的盛衰,跟它的治理水平有关系。我们这个学科,讲的就是治国理政。联系实际,中国的国情要吃透。外国的东西可以参考借鉴,但还是要以我国为主,立足于中国,好好地总结我国的方方面面。为此,我写了一本书——《论实干兴邦》①,因为今天的中国,一切都很明确,道路明确、理论明确、制度明确、文化也明确,关键是要实干。要知道为什么干、怎么样干、干的效果怎么样。1992年邓小平同志南方谈话,说:"空谈误国,实干兴邦,不要再进行所谓的争论了。"所以,我提出"实干兴邦"要突出社会主义核心价值观,"实干兴邦"就是要实现中国梦。"实干兴邦",不是小干而是大干,不是单干而是共同干,不是关起门来干,而是在改革开放中干。我们的"实干兴邦"也正是要面面俱到地干下去:实干首先是要干而不是不干,实干是真干而非虚干或假干,实干要干对而不要干错或白干,实干要干好又高效而非低效,实干要会干而不是蛮干乱干,实干要敢干敢闯和敢于创新,实干要提倡巧干而不是笨干,实干注意合作而非只顾单干,实干要全力以赴和全神贯注,实干应精益求精而不是敷衍了事,实干要准备大干苦干和快干,实干要注意勤俭节约和降低成本。

最重要的一条,就是要立足于中国,要好好地总结我们中国的方方面面。我们这个学科是引进来的,基本理论是从国外来的。其实国外那套也离不开他们的国情,英国有英国的国情,法国有法国的国情,它不是为中国编的,所以我们需要结合我国的国情。

第二节　行政成本是现在的一个大问题

行政成本是现在的一个大问题,为此,我们专门编了一本《行政成本概论》②。从"发展是硬道理"看,任何发展都必须有相应的管理体系为之服务。在国家和社会的发展中,需要有效的公共管理,首先是政府的行政管理予以支持、配合,从而推进和保证发展战略目标的顺利实现。而发展不能不付出代价即成本,行政成本是发展成本的重要组成部分。若行政成本偏高或过高,势必影响发展进程中其他方面的需求。因此,努力降

---

① 夏书章:《论实干兴邦》,中山大学出版社2016年版。
② 夏书章:《行政成本概论》,中山大学出版社2009年版。

低行政成本将大大有利于共同事业的发展。

偏高的行政成本一定要降下来，国家领导人不止一次地在重要讲话和中央正式文件中强调要降低行政成本，可见实有其事。但也有人认为，个别项目行政成本不高或有偏低状况。若果真如此，不妨借用"有则改之，无则加勉"的说法，根据合理的原则，改为"高则降之，不高加勉"。关于行政成本过高的危害性不必多说了，作为社会主义国家，前车之鉴是不能忽视的。列宁曾想实现巴黎公社"廉价政府"的理想，"他本人身体力行，他领导的党和政府也曾经为此努力过，可惜在他去世后，社会主义政府逐渐演变成了'高价政府'，巴黎公社的原则终于荡然无存"。

据报道，"从改革开放初期的1978年至2003年的25年间，我国行政管理费用已增长87倍，平均每年增长23%，高于同期财政收入增长和GDP增长。2003年行政管理费用同2000年相比，3年内增长了1923亿元，平均每年增长23%。行政管理费占财政总支出的比重，比美国还高出9.13个百分点"。国内外媒体关于我国行政成本过高的报道，早已不是新闻。

加强行政成本研究意义重大深远。从绩效意义上来说，行政成本与绩效之间经常呈现难以捉摸的状态，即高成本未必取得高绩效，有时竟适得其反，实在令人遗憾和大失所望。我们并不是说成本越低越好，而是要求努力把过高的成本尽快降下来，同时把过低的绩效迅速提上去。一句话，只要不违反常情，合乎常理即可。加强行政成本研究的绩效意义，即在于此。从廉政意义上来讲，可以认定，只要贪污腐败不除，行政成本必将永远居高不下，还会恶性膨胀；从勤政意义上讲，假如不是兢兢业业、勤勤恳恳、认真负责、精益求精，而是尸位素餐、滥竽充数、挑肥拣瘦、好逸恶劳、争功诿过，或者庸懦无能、碌碌无为、敷衍塞责、不思进取，还要官气十足，直到厚起脸皮，"笑骂由人笑骂，好官我自为之"，如此这般，便会成事不足、败事有余，还可能错失发展良机，徒然消耗行政成本。控制和降低行政成本，势在必行，只要共同关心和努力，是完全可以做到的，近年来的政策实践证明了这种看法。

降低行政成本就是要建设"廉价政府"并经常保持。在市场经济条件下，人们对"廉价"有不同的理解，必须分清我们所指的"廉价"的原义和实质。本来，习惯上的说法也是有矛盾的，有一个择善而从的问题，亦即应实事求是。例如，一方面人们常讲"一分钱，一分货""好货不便宜，便宜没好货"，另一方面又提倡和赞扬"价廉物美"；一方面宣称"老实人吃亏""人不为己，天诛地灭"，另一方面又标榜"货真价实，童叟无欺""以诚信为本"。到底该怎么做？非此即彼，必须有所弃取。我们的"廉价政府"应是价廉、效高、重质量、讲诚信、一心为公、为人民服务的政府，而不应有歪风、邪气、陋规、恶习。

一方面，其核心是"反腐治庸"。"反腐"是怎么一回事，早已家喻户晓并深入人心，即要反的是贪污、受贿、以权谋私一类的腐败行为。而"治庸"所治的，却不止是平庸、无能，还包括有能力却并未充分发挥、不负责任、无所作为、消极怠工、敷衍了事、办事拖拉、不思进取、不务正业等缺乏事业心、积极性等不正常的精神状态。过去比较典型的一种表现便是"门难进，脸难看，话难听，事难办"，分明是一副"当官做老爷"的嘴脸，同全心全意为人民服务的公仆相对照，反差真是太大了。这就不是一个"庸"字所能形容的，说"庸官"，远远不够，实际上不少是"昏官""恶官""懒官"。因此，对于"治庸"中的"庸"，这里有必要做广义的理解。否则，若就字论事，要治的对象和范围，将大大减少和缩小，无法迅速提高公共服务质量和工作效率。而且，治的措施也大不一样，如果只是单纯的原来意义上的"庸"，主要是指工作能力较差而已，这样有可能忽视存在于"佼佼者"中的工作态度、生活作风、道德品质、违法乱纪等方面一时尚难纳入"腐败"范畴的问题。而后者同样为人民群众所深恶痛绝，也误事不浅。

时不论古今、地不分中外，国家衰亡都少不了吏治腐败这一条重要因素。在社会主义条件下，国家政府工作人员本来就应该是名副其实的人民公仆，而不是"当官做老爷"，更不用说搞邪门歪道了。我们所进行的"三讲"中的"讲正气"，就是要扶正祛邪和反腐倡廉。对于不正之风，我们的态度应当是深恶痛绝，还要除恶务尽，以固国本和安民心。一个兴旺发达、欣欣向荣的中国，绝对不允许被少数败类所玷污和损害。

另一方面，是注意营造社会风气。说到风气、习惯，有"约定俗成"一说。但不可随便顺应，要分清所定何约和所成何俗。如果不利于社会发展、进步，妨害公共利益和善良风俗，便应当毫不犹豫地进行"移风易俗"。在降低行政成本的问题上，就有这方面的任务。若公职人员和社会风气不以贪污浪费为可耻，甚至还暗表"同情""欣赏""羡慕"，那么偏高的行政成本便难以下降并可能继续攀升。所以，在努力将偏高的行政成本降下来的过程中有许多工作要做，但应以武装思想、振作精神开路。勤俭持家是中国的传统美德之一，说的是"小家""私家"，而要当好"大家""公家"的家，其理相同，难度更大。若官员责任心、使命感不强，私心又重，则极容易变得大手大脚、挥霍无度，甚至发生贪污腐败、中饱私囊的现象。

公款吃喝等公务消费、浪费严重的情况比较经常和集中的一点是：思想上的满不在乎或不当一回事。例如，说什么家大业大、不贪污、没有进私人腰包，浪费一点也不算啥。有时还似乎"理直气壮"，反而认为别人"大惊小怪"。抱着这种心态看浪费，便难免在有意无意中放松或冲淡对有关政策法令、规章制度、财经纪律应当遵守的观念，甚至会有法不依或明知故犯。因此，建立健全各种制度无疑是必要的、重要的。但与此同时，还必须注意提高干部的综合素质，尤其是思想素质。否则，思想认识上的误区、差距依旧，有些人还很有可能积习难改。平心而论，有关文件、法规已经不算少，有的早已达到三令五申的程度，可是并未见效。关键在于要动真格，要依法办事、雷厉风行。虽然，关于"公款吃喝一年就相当于吞掉一个三峡工程"的说法已经不是新闻，但是，在公私饮食消费中被当作垃圾扔掉的剩余食品究竟有多少尚无全面统计，估计总量一定不少。就一般印象而言，剩饭剩菜的情况常有，"打包"的比例却很少。浪费与贪污的性质虽然不同，但决不可因而掉以轻心，也要提高认识、定出制度、加强监督，以尽可能堵塞漏洞。与此同时，仍应继续大力反腐倡廉。廉洁当然极其重要，但若能在不贪的同时，又不大手大脚地铺张浪费、挥霍无度、"慷公家之慨"，即减少行政成本，建立廉价政府才确有保证。

由治污之事到惩治腐败都遵循着同样的道理：其源不清，其流难洁。治污之事，非全面协同动作不可，尤其要在清源上狠下功夫。对此，国家领导人已经明确表示，应从源头上解决问题，这充分显示了彻底治腐的决心。关于这个问题，有以下四个关键点：

（1）绩效管理问题。绩效评估成为国际管理领域的热门课题之一不是偶然的，这是一条测评管理水平高低、服务质量优劣的必由之路。绩效如何自有客观标准，不靠自我感觉或谁的主观判断。现在全国各地各级政府单位中，已有不少这方面的试点经验，很值得加以重视，并予以总结和推广。行政改革落到实处，离不开绩效评估这一环。一定要把它早抓、抓好，以确保我们的共同事业能够在清醒和稳健的状态中阔步前进。不过，绩效考核中的数据问题值得重视。不管是什么"数"，总贵在切实，应该准确无误。因此，任何夸大缩小的弄虚作假、营私舞弊的行为，皆应在坚决反对之列。什么"干部出数字、数字出干部"，无非腐败表现。还有巧立名目的"层层加码""雁过拔毛""经手不穷"的陋规恶习之类，正是不忠诚老实的证明。"一是一，二是二"才是数字的本色，耍小聪明，玩"数字游戏"或"数字花招"都经不起认真核实。

（2）作风建设。世界银行发布的《2015年全球营商环境报告》表明，在189个经济体的营商环境中，中国虽升了三位，但仍列第90位。可见，消除官僚作风已成为影响中国前进至关重要的因素。各级政府的领导，尤其是地方的党政负责人，常表明会以"为官一任，造福一方"为己任，这已成为一种较为普遍的共识和挂在口边的说法了。当然，"为官"还是传统的习惯用语，实质上应该是当好为人民服务的人民公仆。我们是社会主义国家，在革命时期就形成了关心群众疾苦和取信于民的传统，"进城"以后，好作风曾经有所淡化，有人已下滑到忘本的地步。可喜的是，现在高层领导以身作则，使世人耳目一新。讲社会主义政治文明、说话算数无疑是最重要的具体表现之一。应当深信："群众的眼睛雪亮"，"公道自在人心"。光是信誓旦旦，却口惠而实不至不行。公务员自律问题很重要，要将制度、教育、培训结合在一起。

（3）公共管理水平。如果公共管理水平不能得到及时相应的提高，那就或迟或早地会产生这样那样的消极影响，有时甚至非常严重。一个常见和简单的例子，如某些行政审批手续，在发达国家两三个小时可以办妥的事情，而在某些发展中国家和地区，却要两三天、两三周、两三个月，甚至两三年或更久。这就是公共管理方面存在的差距。究其原因，总少不了人员素质问题。现代公共管理人员素质的高低对于经济发展和社会进步关系重大。现代公共管理人员应具备政治、心理、业务、能力等方面的基本素质。同时，现代公共管理人员应不断提高自身的掌握全局、正确决策、知人善任等方面的能力，在学习提高的过程中注意克服相关问题，以不断提高自身素质，满足时代要求。从公共管理的发展总趋势来考察，"高标准"是大势所趋，否则不足以适应国际竞争的需要。公务员需要具备九项通用能力，分别是政治鉴别能力、依法行政能力、公共服务能力、调查研究能力、学习能力、沟通协调能力、创新能力、应对突发事件能力、心理调适能力。必须指出，公共管理的状况如何，关键在于公共管理人员的素质。有鉴于此，当务之急是有计划和有针对性地开展对公共管理人员的教育、培训、选拔、任用、考核、评估等一系列属于人力资源开发与管理类的工作，以提高公共管理水平。

（4）公共管理人才的培养。在选人、用人、育人方面，我曾经专门撰文为一个地方的市委书记的"三绝招"点赞。该市委书记这些举措的关键在于：①"烧"到了点子上、要害处；②定下了有效的制度，可望继续坚持下去；③在各级班子和广大干部中形成了一心一意谋发展、艰苦创业奔小康的氛围；④并非个人"表演"，而是带领市委一班人行动；⑤该市委书记只用1个月时间跑遍所属10个县市，是一个认真调研进行改革的有心人；⑥找到了产生弊端、缺陷的主要原因，采取对策的针对性强；⑦以对"一把手"的监督为重点，发布了一系列有关文件，形成了严密的监督制约机制；⑧实绩考核办法的可操作性强，旨在防止"干部出数字、数字出干部"的现象出现。一句话，以务实为本、以实干为荣，一切从实效出发，不搞虚的，不干急功近利的事。

第三节　新时代的学科要有新气象

总而言之，行政管理学是一门理论联系实际最为密切的学科，它具有很强的应用性，是一门实干的学问，因而要真刀真枪地在应用方面下工夫。因此，研究行政管理学必须做到理论密切联系实际。脱离实际的理论，咬文嚼字，坐而论道，搞空对空很不利于这门应用学科的研究。当然，要把理论和实际结合得很好也是不容易的，要非常努力去做。它们应该是水乳交融，你中有我，我中有你，互为贯通，互为依存。目前有一种流行的看法，认为不实干的空对空似乎才算是学问，而实干的反倒不成其为学问，这实际上又是一种误解。行政管理学如果脱离了实际，任凭你讲得天花乱坠，那也是没有用的，更加没有什么生命力可言，因而研究这门学科，不能闭门造车、坐而论道，而必须把它和当前的改革联系起来，为改革服务，适应四化建设的需要。当然，行政管理学又是一门有着严密理论体系的学科，我们重视其应用性，并不意味着可以取消它的理论性，恰恰相反，我们应该尽量让它们结合起来，切忌"两张皮"。

中国为什么会发展起来，为什么能保持上升的势头？旁的不说，中国改革开放以后，始终是向前的。但是西方有成见的人都不太希望看到中国这样发展起来，特别这几年讲了一些带有偏见的话。中国共产党从1921年建党到现在，从无到有、从小到大、从弱到强。为什么能够打胜，不但打胜了，而且使中华人民共和国建立起来了、国际地位提高了？这其中是有深刻原因的。所以，我们要从党的历史来研究中国的发展，一定要好好地研究中国共产党党史。

  国际上也有不少头脑比较清醒的人，我们称之为"有识之士"。前一阵，英国有一些有识之士，他们就不同意有些人对中国的偏见，他们认为中国在国际舞台上已经在担任五大角色，而且，他们说英国人应该根据自己的优势跟中国合作。五大角色，包括经济发展、国际秩序、全球治理等，这不是我们自封的。像这样的有识之士，在美国也有，现在美国国内也在讲和中国打贸易战对美国不利。所以，我们的自信都是有根据的。因为从中华人民共和国成立以后我们一直在摸索，中国社会主义到底应该怎样建设？改革开放以后，我们慢慢定下来中国特色社会主义道路。这条路是对的，没有什么好怀疑的。同时，我们这一套理论是完全站得住的、是符合实际的，也确实能够使我们的工作向前进。

  现在我们正处在新时代，"四个全面"、"三严三实"、"两学一做"、五大发展理念这些理论我们一定要知道。五大发展理念，第一个是创新，创新这一条从老祖宗就开始了，毛泽东同志也讲这个问题，不创新就没办法跟别人竞争。博士论文也要创新，没新观点这个论文就通不过。第二个是协调，如果磕磕碰碰地能够相安无事、好好发展吗？第三个是绿色，这一点中国在世界还是走在前列的。"绿色"就是讲环境，生态环境、自然环境。现在讲公共卫生、治水问题、医疗问题。第四个是开放，中国如果还是闭关锁国，没有改革开放，怎么会有今天呢？第五个是共享，如果总是欺负人家、压迫人家、侵略人家，搞殖民地，当然战争是难免的。所以，要把创新、协调、绿色、开放、共享这五条坚定不移、毫不动摇地贯彻下去。

夏书章参加首届中国城市管理高峰论坛（2010年）

行政学、行政管理学、公共管理学一定要和实践联系起来。过去，这个学科太狭窄，原来是在西方实行的，把政治和行政分开。中国就不是，中国传统上就是政治两个字连在一起的，政离不开治，治离不开政。政如果离开治的话，这个政就是空的；治如果没有政的话，就没有思想了。我们的公共管理，如果还像过去那样搞下去，第一不符合国情，第二也不符合世情。所以，我就在前不久省里面的会议上提过，是不是需要建立一个新的学科？或者叫做治国理政学，或者叫做治理学？

公共管理不如公共治理。为什么呢？这个管理有一点被动，事情来了我才管。而治理则像治病救人，有针对性、有主动性。所以，现在社会上用得较多的就是治理，例如，社会治理、城市治理、农村治理。为什么呢？这个不是一个字的问题，而在于实际意义的转变，"治"就是有针对性地解决问题，发现问题就解决问题，有了问题就解决问题。而管理好像还有一些被动，不是那么明确、那么有针对性。我们现在的国家治理实际上不限于行政学、公共管理学，这其中的治国理政就包括政治、经济、社会、文化、自然科学、科学技术甚至军事。国家要理政，理多少政，都要提上日程，仅靠行政管理，比如说事务性的日常工作是不行的。要从高一

教育部人文社会科学百所重点研究基地
中山大学行政管理研究中心
Center for Public Administration of Zhongshan University

✓一、标题： 中国梦与合作治理
    Chinese Dream and Collaborative Governance
    中国梦中的科学发展观和合作治理
    英文标题：

✓二、摘要： 150～200字（核心观点）
    英文摘要（200个单词）

✓三、关键词：（3～5个）
    英文关键词：Chinese Dream   environment
    Scientific development
    Collaborative Governance

✓四、作者简介：（120字以内）姓名、职称、职务、
    社会兼职、研究方向、主要著作等

五、文章内容：重在说理、逻辑论证。
    字数在6000～12000间。
    段落句子多长太长，有节奏感。
    九标题简明扼要，前后连贯。

六、注释：书页脚注

七、截稿日期：2013. 8. 15. 可言言适后

20×15=300

夏书章中文手稿（2013年）

层次讲治国理政，这样综合性更大。因此，这个学科是一个大的综合学科，所有国家的事务都应该包括在内。

作为学科来讲，不能够把实践放在一边，书本上的东西是要知道的，但要结合实践。行政学、公共管理学都是应用学科，如果不会用，只是夸夸其谈有什么意思呢？所以，行政学和公共管理学应该进行改革，至少我们要把教学内容、方式方法和实践经验都提上日程、进行研究，现在我们研究得太少了，大家应有同感。关于学科的发展问题，有两个方式，一个是设一个新的学科，另一个就是在学科内容上拓展一下，把新的任务提到日程上来。因此，行政学、公共管理学应该把过去认为是分离的、其他学科的东西拿过来多关心多了解，要积累这方面的知识。当然，学科设置问题需要学科委员会讨论，这不是随便说说就行的。但是，我们可以从这方面做起，做出不同的成绩来证明这个想法可行。

夏书章获"复旦管理学终身成就奖"（2016年）

结语　党的政策让我做了想做的、必须做的、应该做的事情

　　我不止一次讲过，我越老越开心。过去旧社会的一个说法叫做"江湖越老越寒心"，因为一代不如一代、情况也越来越糟糕。我现在则是调过来，越老越开心。因为中国多少年来在国际上还没有遇到过像今天这样风光，年轻人没有看到这种对比也难怪，年老的有些已经走了，而我幸运地等到了现在。过去讲老当益壮，但老当益壮也只能是精神上，身体上是不可能老当益壮的，是要衰老的。我现在讲的"老当益创"，是指有一定经验的人，应该是更有创新能力的，因为走过更多的路，所以更有发言权，应该有更多的想法。年纪越大，越要想创新，咱们国家会大有希望！

　　我很快百岁了，往前望去，国家的命运和我个人的命运、学科的命运紧紧连在一起。"生不逢时老逢时，耄耋欣幸历盛世。星火燎原恍如昨，探索向前亲其事。开放改革气象新，学科补课不容迟。科学发展永持续，百年更高举红旗。"这是我对90岁时自己人生的总结，也是我对这个学科的总结。党和国家让我做了我想做的事情、必须做的事情、应该做的事情、我很愿意做的事情，所以你们问我这一生所做的贡献，谈不上贡献，这都是我该做的事情。

　　"明明白白近百年，喜见日月换新天，全面小康已在望，民族振兴梦必圆。"这是我2018年1月19日在从教70周年大会上讲话的结语，我也愿以此与所有同行共勉！

结语　党的政策让我做了想做的、必须做的、应该做的事情

夏书章从教70周年座谈会（2018年）

夏书章近照（2016 年）